U0553292

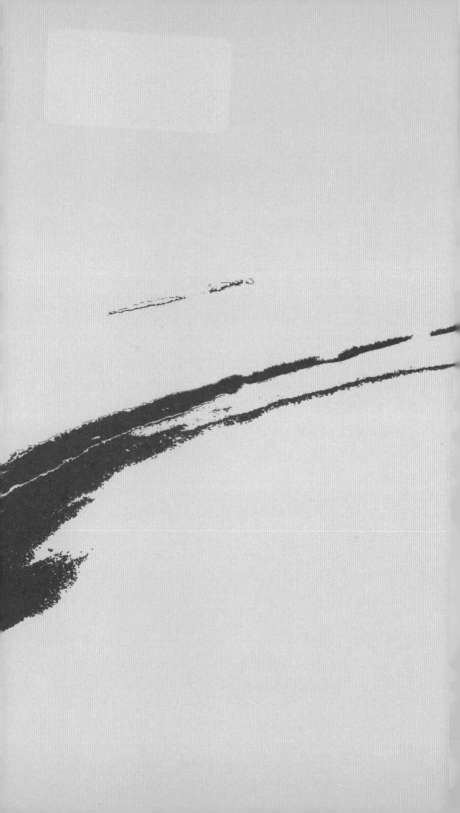

虚实之间

胡宝国/著

社会科学文献出版社
SOCIAL SCIENCES ACADEMIC PRESS (CHINA)

目录

自　序

这本小书收录的基本是我这些年在网上写的一些闲散文字。它们可以分为两类，一类与史学有关，一类则与史学无关。如何给这小书起个名字呢？我真的有些犯愁了。还是老朋友罗志田兄有办法。他建议书名就叫"虚实之间"。看到他的建议，眼前一亮，感觉这的确是个合适的名字。史学是我的专业，与此相关的部分自然是属于"实"，而那些与此无关的呢？自然就是属于"虚"。

所谓"实"是相对于"虚"而言的。其实如果深究一下，这"实"也是有问题的。其中几篇学术评论性的短文，严格说来并不规范。所以有位老同学称我的这些文字为"另类的书评"。我估计他这么说还是有夸奖我的意思的。他是一个彬彬有礼的人，既然肯当面告诉我，当不至于是骂我。这些书评之所以看着比较"另类"，我想可能有两点原因。第一，正规的书评应该有一个清楚的学术史脉络的交代，要把评论的对象置于这个脉络之中加以考察，而我则常常不是这样。第二，正规的书评通常会对评论对象的整体进行一番介绍、评价，而我则常常只是就自己感兴趣的部分"借题发挥"。说是"书评"，其实很多场合我更关心的是写书的"人"。

"虚"的部分其实也是有实有虚，就是说，有的是写实的，有的则纯属虚构。如果不谦虚地说，这部分可能比较靠近"文学"。当然我很清楚，对于文学，我只是一个偶尔的业余爱好者。

说到这里，我又要借题发挥了。在网上，时常可以看到一些业余历史爱好者发言。对他们的发言，我的内心是比较矛盾的。看着他们在自己并不真懂的领域说三道四，的确比较烦。可是一转念，又会非常羡慕他们。专业工作其实是很枯燥的，愿意干的时候要干，不愿意干的时候也要干。它的要求是严格的，目的性也很强。而业余爱好就不同了，这纯粹是一种发自内心的喜好。它没有功利性，也没有负担，如果不喜好了，随时可以放弃。

当我在网上写这些"虚"的文字时，我的心态就是一个十足的业余爱好者的心态。这些文字只是写着玩，只是图个愉快。随着年龄的增长，当功名心、事业心都渐渐淡去的时候，愉快的生活就显得更加重要了。

我有职业，也要追求愉快，所以，今后大概仍然会在"虚"与"实"之间游走。

读《东晋门阀政治》

　　田余庆先生的《东晋门阀政治》一书已经出版十几年了，相关的书评时有所见。一直希望在别人的评论中看到自己想说的话。可是这个想法每每落空。看来，自己想说的话还得自己说。

　　《东晋门阀政治》一书为我们讲述了这样一段故事：与通常皇权至上的时期不同，东晋一朝出现了皇权与士族共天下的特殊政治局面。最开始是所谓"王与马，共天下"，即士族琅邪王氏与皇帝司马氏共治天下。由于士族并非一家，彼此间势力强弱有变化，所以王与马之后，还会有庾与马、桓与马、谢与马等的变化。同样，由于士族并非一家，彼此之间存在着制约的关系，所以任何一家也并不能轻易地取代皇权，由此，共天下的局面得以维持。

　　至此为止，问题似乎已经圆满地解决了。但是，作者的思考并没有停下来。他又发现，在士族与皇权之外，还有另外一支不为人所注意的政治力量存在着。这支力量就是流民。当时北方有源源不断的流民南下，这些流民不是西汉那种流民，而是一些由流民帅控制着的武装组织。起初，他们在热闹的政治史中并不显眼，但在保卫东晋免遭胡族铁蹄践踏上却着实立下了汗马功劳。他们是皇权、士族之外的第三种力量。发现这一点至关重要。因为只有发现了这条线索，才能完整地解释东晋之所以存在、东晋之所以消亡。我们看作者的总结："东晋一朝，皇帝垂拱，士族当权，流民出力，门阀政治才能维持。等到士族不能照旧当权，司马氏也不能照旧垂拱而居帝位的时候，已经走到历史前台的流民领袖人物既抛弃了司马氏，也改变了门阀政治格局，树立了次等士族的统治秩序。但是历史并未因此而断裂，历史的逻辑在晋宋之际仍在顽强地起作用。次等士族的代表刘裕既继承了孝武帝伸张皇权的遗志，又在朝堂上安排了虽丧元气但有余威的门阀士族的席次。皇帝恢复了驾驭士族的权威，士族则保留着很大的社会政治影响。这就是具有南朝特点的皇权政治。"可见，如果作者没有引入流民问题，这个最终的结论是不可能得出的。找到了流民帅，才终于找到了东晋通往南朝的历史之门。

对一个问题的研究倘若长久地没有进展，通常是因为研究者忽视了不应忽视的因素。寻找到这些被忽视的因素是很困难的。困难不在于它们隐藏得有多深，而在于前人已有的研究思路根深蒂固，无形之中会制约后来者思想的展开。关于门阀政治，以往的研究者多是从士庶对立的角度加以讨论，不要说流民问题，就连皇权在这之中的地位、作用也没有引起多少关注。作者突破了不易突破的制约，所以才为人们展现出一番新的天地。抛开流民问题不谈，上述结论本身也十分精彩。作者没有过分地渲染东晋南朝间历史变动的剧烈，而是清醒地注意到历史变化的背后也还存在着历史的延续。要解释变化背后的延续，必须看到历史的深处，如果思考仅仅停留在表面，那么"延续"与"变化"的同时存在只能使研究者在解释上陷入困境。

《东晋门阀政治》一书二十五万字。如果让我写，可能有三万字就够了。为什么他需要这么大的篇幅？我想，这是因为作者对历史细节有着特殊的偏好，不妨说他有一种"细节嗜好"。要说明细节问题，没有足够的篇幅是不行的，因为在这里，一般性的说明无济于事。

我们来看一个例子。永嘉之际，晋室南渡。关于南渡的建议者有三种记载。一说是王导，一说是裴妃，一说是王旷。对于这样的问题，谨慎一点的研究者可能不作判断，只是存疑。轻率一点的研究者可能会勉强认定一种是真实的，而排斥其他。但本书作者却不是这样处理的。他说："以上三说，各从不同的方面反映了一些真实情况，可以互相补充，而不是互相排斥。它说明南渡问题不是一人一时的匆匆决断，而是经过很多人的反复谋划。"这个结论真可谓是预料之外，情理之中。在考证到了最关键的时候，他突然不考证了，用敏捷的思维化解了这个问题。类似的例子在书中还有许多。

将近二十年前，田余庆先生曾和我们学生说："要注意排除反证，没有反证的问题是简单问题，复杂问题往往有反证。反证必须在我们的考虑之中。"以上这个例子可以说是排除反证的经典之作。

老实说，究竟是谁提出了南渡的建议并不重要，如果我来研究，大概不会注意这个问题。这里之所以提出它，主要是想说明作者在解决问题时所表现出的智慧。优秀的学者就是这样，他不仅会提出有价值的观点，而且也会让你看一看智慧的模样。从古至今，智慧远不如知识增长得快，所以每当我们看到智慧的光芒时，就会感到由衷的喜悦。

他不会永远顺利的，他也会陷入困境。在阐释东晋门阀政治出现的原因时，他提出的理由使人怀疑。作者在此是采用了一种叙述的方式来说明问题。他指出，东晋王导与司马睿的政治结合，实际是来源于西晋王衍与司马越的政治结合。同样是王、马结合，但地位却不相同。在西晋，政治上是以司马越为主，王衍为辅，而在东晋，则是"王与马共天下。"王、马之间关系为何会发生变化呢？这是因为早在西晋末年尚未南渡的司马睿与王导结合时，司马睿就处在一个弱势的地位上。那时的他只是一个"恭俭退让"、"时人未之识"的一般宗室成员，而王导已经具有政治阅历和名望。这种关系延伸到东晋，"便有了祭则司马、政在士族的政权模式"，由此开启了百年门阀政治的格局。

这样叙述历史事实是一点也不错的。但是从道理上讲，我们并不能排除前一对王与马南渡的可能性。如果过江的是司马越与王衍，必定还是以马为主，以王为辅。如此一来，岂不是就没有百年门阀政治了？退一步说，即使我们坚信过江的只能是司马睿与王导，疑问也还是存在的。因为"共天下"的局面在王导以后并没有结束，而是一再出现，持续百年。对于东晋皇权来说，这种局面绝不是一个偶然事故所能造成的。

在本书结尾的时候，作者又再次触及这个问题。他说："如果没有一个成熟的有力量有影响的社会阶层即士族的存在，如果没有一个丧失了权威但尚余一定号召力的皇统存在，如果没有民族矛盾十分尖锐这样一个外部条件，如果以上这三个条件缺少一个，都不会有江左百年门阀政治局面。"他说得依然没有错，但依然只是对事实的叙述而不是解释。东晋出现门阀政治，到底是什么原因？我曾当面征询田余庆先生的意见。他略作沉思，答道："我不愿意追求终极原因，因为一追求终极原因，文章就飘起来了。"的确，对于习惯了从细节出发的他来说，追求终极原因是有困难的，因为终极原因不会在细节里。

无法在深层次上解释东晋门阀政治的出现，这其实并不仅仅与他个人的研究习惯有关，而且也与政治史研究方法本身有关。极端地说，单纯的政治史研究可以解释从去年到今年的政治演变，却无力解释政治形态的根本变化。当整个政治形态都发生变化的时候，它必定牵涉到超出政治史范围的更大的历史变动。这就如同说，我们可以用政治史的研究方法分析辛亥革命时各种政治势力的此消彼长，却不可能用同样的方法解释历史上为什么会有一场辛亥革命。历史上为什么会有一场辛亥革命？这里涉及了政治、经济、文化、国际形势种种复杂的因素。在时代发生大转折的时候，终归是政治跟随着时代，而不是时代跟随着政治，尽管表面现象可能恰好相反。

政治史研究方法对他的制约不仅表现在研究东晋门阀政治时。在研究三国史时，同样的问题也发生了。在《孙吴的建国道路》、《李严兴废和诸葛用人》等文章中，他为我们揭示出了吴、蜀政治演变的清晰线索，关于曹魏，他也写过若干高水平的文章，但涉及曹魏政治发展线索的时候，他沉默了。这是为什么？我想，这是因为吴、蜀的历史较为单纯，都是有头有尾的，容易把握。而曹魏则不然，一涉及曹魏，就必定要和前面的东汉、后面的西晋联系起来，而汉晋时期的历史变动是多方面的，远远超出了政治史的范畴。一到这时，他就显得力不从心了。即使不考虑政治史以外的因素，单纯思考政治发展线索，他面临的困难也同样不少，因为从东汉的党锢之祸到西晋的八王之乱，时代剧烈的、多次的变化打碎了政治史。政治史只是些零碎的片断。我们知道，他的性格是从细节出发，追求的是不缺少任何中间环节的完整链条。当这个目标不可能实现的时候，他只能沉默了。

有趣的是，在他沉默的地方，几十年前，陈寅恪先生却为我们提供了一条线索。陈寅恪先生在《书〈世说新语〉文学类钟会撰四本论始毕条后》一文中说，东汉末年有两种政治势力，一为内廷之宦官，一为外廷之士大夫。魏末曹氏与司马氏两党之争就是汉末斗争的继续。曹操为宦官代表，而司马氏则为信奉儒学的士大夫的代表。魏晋禅代，曹氏败，司马氏胜，斗争终于有了结果。这是一条清晰的线索。为什么陈寅恪能找到线索呢？很明显，他所凭借的是他自己的阶级分析学说。这学说说穿了其实就是血统论。因为曹操是宦官的后代，所以曹魏就是宦官阶级的代表。这样，他用理论把断裂的政治碎片缝合了起来。

他的结论是不能成立的。田余庆先生曾委婉地指出，陈寅恪先生忽视了一个事实，即曹氏父子早已转化为皇权的代表，而不再与宦官有任何关系。我要补充的是，在转化为皇权以前的东汉末年，曹操就不在宦官阵营内。密谋诛杀宦官的计划制订时，曹操就已经参加了。从他晚年的回忆中看，年轻时，曹操的理想很简单，就是想当一名合格的士大夫。借用田余庆先生的分析方法，或许可以说，东汉末年的曹操是介乎于宦官、士大夫之间的第三种政治力量。

从以上的对比中，我们能够感受到陈、田的不同。他们都在研究政治史，从表面上看，陈寅恪先生也是在寻找历史线索，但从深层次上看，他有时实际上不自觉地是要用历史的线索来证明自己的理论。他有理论先行的嫌疑。而田余庆先生则不然，他没有预设什么，他只是一心一意地寻找历史内部真正存在的线索。如果找不到，他宁可沉默。

两种方法，各有利弊。陈寅恪先生的政治史是有理论背景的政治史，所以他研究问题涉及的时段较长，显得有气魄，而田余庆先生的政治史在气魄方面就显得略逊一筹了。田余庆先生的优势是思考缜密、深刻，一旦得出结论，往往不可动摇。客观地说，陈寅恪先生在他认为有意义的许多细节、许多点上也有极精致的、令人叹服的考辨，但是在点与点之间则往往有较大的跨越。他跨越的幅度越大，失误的机会也就越多。

我们通常认为，一个研究者应特别注意克服自己的弱点。因为你的优势不用管它也会发挥作用，而弱点如果不被克服就会妨碍进步。这个认识看似合理，其实是有些问题的。经验告诉我们，人能克服的弱点其实都是比较次要的，真正严重的、致命的弱点往往是无法克服的。陈寅恪先生是如此，田余庆先生也是如此。杰出的学者并不是没有弱点，他们也不是因为克服了弱点才变得杰出。他们之所以有杰出贡献，只是因为他们把自己的优势发挥得淋漓尽致。正是在这个意义上，我们说陈寅恪先生是成功的，田余庆先生也是成功的。

本文写于 2001 年

在题无剩义处追索

　　田余庆先生新作《拓跋史探》已于 2003 年 3 月由三联书店出版，全书 24 万字，主要讨论了三个方面的问题。第一，北魏子贵母死制度与离散部落的关系。第二，拓跋与乌桓共生的问题。第三，《代歌》、《代记》与《魏书》序纪的关系。我认为，其中第一部分是全书最为重要、最为精彩的部分。以下的讨论主要围绕这部分展开。

　　关于北魏子贵母死这一现象，前人早已注意到。赵翼说："立太子先杀其母之例，实自道武始也。"（《廿二史札记》卷一三"《魏书》纪传互异处"）周一良先生说："拓跋氏入中原前之旧制，凡其子立为太子者，母妃先赐死，至孝文帝母犹因此而被杀。但北方其他少数民族未闻有此风俗。且游牧部落亦不如封建王朝之易于发生母后专权之例，其来源尚待研究。"（《魏晋南北朝史札记》）韩国学者朴汉济对此提出过一个解释。他认为，子贵母死既非拓跋旧法，也非汉制，而是北魏胡汉体制中的特殊事物，其目的是为了加强皇权（朴说见田书所引）。这个解释是不错的。

关于北魏离散部落，《魏书》中一共有三条记载。《魏书》卷一一三《官氏志》："登国初，太祖散诸部落，始同为编民。"《魏书》卷一〇三《高车传》："太祖时，分散诸部，唯高车以类粗犷，不任使役，故得别为部落。"《魏书》卷八三上《贺讷传》："其后离散诸部，分土定居，不听迁徙，其君长大人皆同编户。"对于道武帝离散部落，分土定居之举，研究者多从拓跋社会由部落联盟向国家转变这个大的时代背景下求得解释。这个解释也是不错的。

总之，不论是子贵母死，还是离散部落，都是老问题了，而且也都有了不错的解释。不过事情常常是这样的，不错的解释往往对我们妨碍最大，因为它使得我们有理由停下来，不再进一步思考。田余庆先生的可贵之处却恰恰是不满足于此，而是按他惯常的思考习惯，在一般人停下来的地方继续穷追不舍。他指出："拓跋鲜卑，相对于先后兴起的其他胡族说来，是一个发展缓慢的部族。东汉桓帝时拓跋南迁，'统国三十六，大姓九十九'，群体庞大松散。汉末建安年间拓跋诘汾再次南迁，部落联盟更扩大了。《魏书·官氏志》所谓'七族'、'十姓'，是拓跋部落联盟新形成的核心，血统亲近，'百世不婚'。拓跋部作为联盟领袖，其后妃必取之于七族、十姓以外的部落，其女子也必于七族、十姓以外择偶。因此，在一定的时间内，可能出现一些与拓跋部世代为婚的部族，形成与拓跋部的特殊关系；由于君权不张，拓跋后妃也就自然而然地居间起着联络作用，甚至有可能成为维系拓跋部落联盟的关键人物。"（24～25页）在本书的另一处，作者明确写道："道武帝建国，并没有强大的外界敌人要去认真对付，真正棘手的倒是他的母族部落和妻族部落，甚至还有他自己的母、妻。这一现象令我恍然大悟，原来道武帝用战争手段'离散部落'，首当其冲的竟是母族贺兰和妻族独孤，这并不是偶然的现象。打破部落联盟的束缚，建立帝国，是此举直接的、急切的原因。至于更为根本的社会原因，如部落役使之类，在当时似乎是第二位的……离散部落之举和子贵母死制度看似无涉，却是内蕴相通，后者是前者的后续措施。"（3页）至此我们看到，作者从他独特的思考角度出发，终于把本来属于皇室内部的子贵母死制度与看似毫不相干的离散部落问题结合了起来。两个问题的结合真可谓互相发明，相得益彰。如果没有联系到离散部落，关于子贵母死的问题实际上已经无话可说；如果没有联系到子贵母死，离散部落的问题就难以落到实处，而只能是国家形成理论的一个具体例证而已。

诗歌语言中有所谓"陌生化"之说。一位诗人朋友曾就此向我解释说，"形式主义"批评家们提出过一个概念，他们认为文学，这里主要指诗歌，目的就是要把语言"陌生化"，也就是说，让语言能够给人以新的刺激，提供看待世界的新角度。借用这样一个概念，我们不妨说，田余庆先生也是把我们熟悉的问题陌生化了。在原本已经题无剩义之处开掘出了新的局面，提供了新的思考动力。不过我这里要强调的是，诗歌语言的"陌生化"是诗人的有意追求，而田余庆先生的"陌生化"却并非刻意为之，而只是他研究工作的客观结果而已。

与陌生化的结果相反，对于熟悉他研究特点的人来说，作者在书中所使用的研究方法是一点也不陌生的。这个方法是什么呢？其实就是政治史的方法。我们知道，在《东晋门阀政治》一书中，作者曾研究了南方几大家族的政治关系，而在《拓跋史探》一书中，作者研究的则是北方几大部族的政治关系。这本书的各个部分总括起来说，实际上就是一部拓跋早期政治史。众所周知，年鉴学派重视长时段，而对于属于短时段的政治史则比较轻视，认为是"转瞬即逝的尘埃"。这个思想对我影响很大，所以在以前写的《读〈东晋门阀政治〉》一文中，较多地指出单纯政治史的缺陷。但是读了《拓跋史探》，我却感到政治史的方法也有它不容忽视的长处。政治史虽然不能解释一切，但从此入手，却也可以发现并解释民族史上的很多重要问题。具体到早期拓跋史，政治史的方法显得尤其必要。如果从传统的民族学的角度去研究，除非有更多的考古发现，否则已经没有多少可以利用的资料了，而一旦从政治史的角度切入，就会发现还有不少值得我们分析的素材。正是借助于政治史，作者才描绘出了一个早期拓跋族的隐约身影。由此，拓跋早期的历史不再只是一种部落→国家的理论概念的演进，而是变得具体了、生动了、活泼了。

仔细观察就会发现，田余庆先生的政治史研究具有很强的个性特征。我们知道，研究政治史，既可以依据政治学的某种理论框架展开，也可以不要这些框架。在我看来，田余庆先生属于后者。我们看作者在本书前言中的一段话："五胡十六国这一破坏性特别突出的时代得以结束，归根结柢是五胡日趋融合，其主要部分终于陆续积淀在农业地区而被汉族文明逐渐同化之故，这可说是今天史界共识。但是，在这漫长过程行将结束而又尚未结束的时候，为什么是拓跋部而不是别的部族担当了促死催生的任务呢？"（1～2页）我们再看作者在《东晋门阀政治》中就"王与马共天下"说的一段话："为什么江左会出现这种政治局面呢？总的说来，偏安江左是八王之乱和永嘉之乱的产物，而江左政权依赖于士族，则是门阀制度发展的结果。士族高门与晋元帝'共天下'，归根到底可以从这里得到解释。但是这还不能说明为什么是琅邪王氏而不是别的高门士族与晋元帝'共天下'的问题。"

（3页）这两段话充分反映了他对历史的认识。这个认识简单地说就是：当时的事情必有当时的原因。由此，他自然不会满足于理论框架给出的解释，也不会满足于一般性的说明，而是一定要找出一个具体的历史原因。受这种认识的引导，他在本书中又有如下的一段话："我不排除道武帝曾在某个时候发布过离散部落号令的可能，也不排除某些具有定居条件的部落俯首接受号令的可能，但不认为所谓离散部落主要就是如此而无其他更直接、更急迫的原因和具体的过程。"（62页）把问题具体化的思路会很自然地诱导出新的疑问：道武帝究竟是在什么时间，在什么地点，离散了哪些部落？道武帝母后究竟又是来自于哪些部落？回答了这几个问题，离散部落与子贵母死之间的关系就自然地呈现了出来。在解释历史现象时，研究者很容易急切地求助于"规律"、"趋势"来加以说明，他却反其道而行之，一再向"具体"索要答案。与众不同的思考方法使他更像是一位旷野中的孤独旅行者。在他不断的追问中，泛泛的解释愈来愈显得苍白无力，而我们原本熟悉的问题也终于变得陌生了。

研究早期拓跋史，面临的最大困难是资料太少。作者虽然竭尽全力钩沉索隐，但很多地方还是不得不以推测来弥补资料的不足。这之中有的推测极有道理，给人以启发，但也有的推测难免令人生疑。

在《〈代歌〉〈代记〉与北魏国史》一文中，作者指出《魏书·乐志》中《真人代歌》"上叙祖宗开基所由，下及君臣废兴之迹"，应该就是拓跋史诗。根据有限的记载，作者进而推测，在当时替道武帝整理、辑集代歌者只能是汉族士人邓渊。以后邓渊又奉命修《代记》，《代歌》中的内容应是《代记》的主要资料依据。因此《代歌》、《代记》同源。邓渊之后，又有崔浩修国史。

记录了早期拓跋史的《代记》基本包含在了崔浩的国史之中。这些资料以后又成为魏收《魏书·序纪》的蓝本。因此辑集《代歌》、撰成《代记》的邓渊应是《魏书·序纪》的第一作者。由此，作者就勾勒出了《代歌》→《代记》→崔浩国史→《魏书·序纪》这样一条史学发展线索。我认为这条线索不仅清晰而且很有道理。其中尤为可贵的是作者意识到《代歌》与《代记》之间可能的联系。《代歌》早已不存，根据有关的只言片语而注意到它的价值，并将其纳入史学史的发展线索中是很不容易的。

与上述合理的推测相比，接下来的推测就不那么合理了。关于邓渊之死，史书中是有明确记载的。《魏书·邓渊传》载，渊从父弟晖坐和跋案，"太祖疑渊知情，遂赐渊死"。但作者不相信这条材料，反而认定邓渊与以后的崔浩一样，也是死于国史之狱。在毫无材料依据的情况下，作者为什么一定要做出这样的推测呢？我想，这或许是因为作者不自觉中已经被前面自己发现的《代歌》、《代记》的线索束缚住了。我们先来看崔浩国史之狱。崔浩因修史"备而不典"、"暴扬国恶"而遭祸。《通鉴》也说崔浩国史"书魏之先世，事皆详实……北人无不忿恚。"由此可知崔浩国史当是记录了一些有悖人伦、有伤风化的早期拓跋故事，因此惹怒了皇帝，引来杀身之祸。但是，崔浩所记拓跋早期历史是从哪里来的呢？根据《代歌》、《代记》线索，这些内容应该都是从邓渊所撰《代记》那里来的。如此，既然崔浩已经死于国史之狱，那么更早的邓渊能不死于国史之狱吗？看来，为了符合这个逻辑，作者只能让邓渊死于国史之狱了。

更为值得商讨的问题还不是邓渊之死，而是关于离散部落的史料依据。根据作者的统计，贺兰部被离散的经过是这样的。

第一次：据《资治通鉴》记载，北魏登国三年（388）三月，

"燕赵王麟击许谦，破之，谦奔西燕。遂废代郡，悉徙其民于龙城。"作者指出："显然，慕容麟尽徙代郡民于龙城，当包括三十年前的前燕时期由贺赖头率领居于代郡平舒城的数万贺兰部民在内。"（67 页）

第二次：登国五年，道武帝与慕容麟合击贺兰、高车诸部于意幸山。稍后，铁弗刘卫辰又袭贺兰，贺兰部请降于拓跋，"遂徙讷部落及诸弟处之东界。"（70 页）

第三次：登国六年，贺讷兄弟内讧，后燕"兰汗破贺染干于牛都"，慕容麟"破贺讷于赤城，禽之，降其部落数万。燕主垂命麟归讷部落，徙染干于中山。"（70 页）

第四次：作者在叙述皇始三年贺讷之弟贺卢逃奔南燕后说："至此，道武帝舅贺讷、贺染干、贺卢三人，只剩下贺讷一人，据《贺讷传》，此时贺讷已无所统领，而且后嗣无闻。道武舅氏中还有一个贺讷的从父兄贺悦，待道武'诚至'有加，得到道武善遇。贺讷、贺悦的部民，自然也被强制离散，分土定居了。这是第四次离散贺兰部落，也就是现知的最后一次。"（70～71 页）

以上离散贺兰部事例中，第一次、第三次都是被慕容部离散的，真正被拓跋部离散的只有第二次、第四次。我们再看独孤部被离散的情况。

第一次：《资治通鉴》登国二年记"燕王（慕容）垂立刘显弟可泥（亢泥）为乌桓王，以抚其众，徙八千余落于中山"。作者指出："刘显八千余落徙中山，这是独孤部的主要部分第一次被强徙，是孤独部落离散之始。"（80 页）

第二次：刘亢泥降于慕容氏，《太祖纪》皇始元年（396）六月"遣将军王建等三军讨（慕容）宝广宁太守刘亢泥，斩之。徙亢泥部落于平城"。作者指出："这是《魏书》所见独孤部民第二

次被强制迁徙。"（83 页）

独孤部被离散两次，一次是慕容氏所为，一次是拓跋氏所为，这与贺兰部被离散的情况类似。作者在 59 页曾分析说："部落离散，就其实质说来，本来是部落发育的自然过程，它之所以在道武帝时比较集中地出现，却也是由于道武帝创建帝业的特别需要。这可以解释为什么离散部落只留下这几家外戚部落的个案，而大量的对道武帝帝业无害的部落却得以保存下来。"显然，作者十分关注、十分强调的是道武帝拓跋珪离散贺兰、独孤部落，而不是别人的离散行动。但是，根据他提供的事实，不论是对贺兰部还是对独孤部，离散部落的发动者都是不仅有拓跋氏，而且也有慕容氏，两家各占一半。既然如此，恐怕就不能把离散部落很特殊地仅仅看成是道武帝为打击外戚部落，"创建帝业的特别需要了"。应该说，作者也意识到了慕容氏在离散过程中所起的作用，所以在 35 页又补充说："看来，贺兰部破败主要是拓跋部借慕容部之力，得利的是拓跋部。"这个补充其实没有太大用处。这里所谓"借慕容部之力"一说，给人的感觉似乎慕容氏只是前台的表演者，而拓跋氏才是幕后操纵者。如果真是这样，那么上述由慕容部发动的离散事例就不构成对本书观点的反证了，但遗憾的是，实际上并没有这样的材料可以证明。所谓"得利的是拓跋部"云云，其实只是一种客观效果而已，并不能因此把慕容氏离散贺兰、独孤部归结为拓跋氏操纵的、有预谋的行动。

这里还涉及一个概念问题。究竟什么是离散部落？按书中多数场合的表述，所谓"离散部落"就是指强制迁徙部落。但十六国时期某个部族强制迁徙另一个部族从甲地到乙地是常有的事情。如果仅在此意义上来理解离散问题，那道武帝离散部落还有什么特殊意义好说呢？作者似乎也认识到这个问题需要解释，所以在

75 页又说："强徙部落自十六国以来就是常有的事，包含离散部落，但并非都离散。道武帝在完成帝业的过程中，从总体上意识到离散部落的深层意义，理解其必要性和可能性，因而采取更主动更连续更强烈的措施，不只是迁徙部落，而且还要离散部落。这是他与十六国君主的不同之处。"按这个表述，似乎强制迁徙部落又不等同于离散部落了。

按我的理解，强制迁徙部落不等于离散部落。前引《官氏志》说："登国初，太祖散诸部落，始同为编民。"《贺讷传》说："其后离散诸部，分土定居，不听迁徙，其君长大人皆同编户。"按离散的结果既然是"同为编民"、"君长大人皆同编户"，因此所谓"离散"应该是指打破部落内部旧有社会等级结构而言的，唐长孺先生也是这样理解离散部落的，他说："部落的解散使贵族、人民都成为单独的编户。"（唐长孺：《拓跋国家的建立及其封建化》，载《魏晋南北朝史论丛》205 页）而所谓强制迁徙部落，即只是把某部落从甲地强制迁徙到乙地是不可能起到这种作用的。按作者上面的表述，似乎道武帝不只是迁徙部落，而且还离散了部落，但根据前面提到的有关贺兰、独孤部的史料，我们见到的还只是迁徙而不是离散。总之，如果我的理解不错，如果强制迁徙部落真的不等于道武帝登国年间的离散部落，那么本书所有有关于此的讨论就值得重新考虑了。

写到这里，我不想再就作者的种种可疑推测说更多的话了，因为作者本人早就认识到了这个问题。他在前言中说："我衰年涉入拓跋史题，颇感力不从心、步履维艰，更感到资料不足，结论难下。"他还说："基于以上认识，我把本书所见主要作为窥探拓跋史的一种思路，而不一定是作为确切结论，奉献给读者，希望起到促进思考、共同探求的作用，以期尽可能把古史的这一模糊区域一点一点加以辨识。"凭借着几十年的研究经验，田先生当然知道要尽量避免过多推测，本书诸多推测实在是出于无奈，正所谓巧妇难为无米之炊。史料的极度缺乏制约着每一个研究者。他已经竭尽全力了，尽管有些推测还需要再斟酌，但他毕竟已经给我们描述出了一个以前未曾见过的、精细的历史过程。这是我们要十分感谢他的。

《汉书》卷六二《司马迁传》载，西汉刘向、扬雄"皆称迁有良史之材，服其善序事理，辨而不华，质而不俚，其文直，其事核，不虚美，不隐恶，故谓之实录。"本传又载司马迁语："所以隐忍苟活，函粪土之中而不辞者，恨私心有所不尽，鄙没世而文采不表于后也。""实录"之说、"文采"之说，正反映了史学的两个特点：一方面，史学是求真的学问；另一方面，史学也是展现史家思想、才华与魅力的手段。换言之，史学不仅是科学的，而且是艺术的。从求真的角度看，我对《拓跋史探》多有疑惑；从展现史家个人才华与魅力的角度看，我又认为这是一部成功的著作。这种矛盾的态度或许就说明了这样一个浅显的道理：真与美有的时候并不能完全统一。

读唐长孺先生论著的点滴体会

唐长孺先生去世后，周一良、田余庆二位先生曾合写一挽联悼念他。上联是："论魏晋隋唐义宁而后我公当仁称祭酒"，下联是："想音容笑貌珈在远吾侪拭泪痛伤神。"上联的意思是说，治魏晋隋唐史，陈寅恪先生之后当首推唐长孺先生。周、田两位先生与唐先生一样，也都是治魏晋南北朝史的第一流学者。他们对唐长孺先生学术地位的评价既符合事实，也体现出了真正学者的胸怀。此联精彩，所以广为流传。

唐长孺先生的主要论著有《魏晋南北朝史论丛》、《魏晋南北朝史论丛续编》、《魏晋南北朝史论拾遗》、《魏晋南北朝隋唐史三论》、《唐书兵志笺正》、《三至六世纪江南大土地所有制的发展》、《山居存稿》等。

唐先生的史学研究涉及的领域非常广泛。无论是政治、经济、军事，还是各种制度、民族问题、学术、中西交通等，各个方面几乎均有重要论述。而单就魏晋南北朝史而论，他的贡献应该说是在陈寅恪先生之上的。

　　两年多前，我的研究生初入学时，我曾要求他第一学期重点读唐先生的论著。他问我："唐先生的哪篇文章最好？"我没有回答，一来"哪篇最好"，这是个见仁见智的问题，不好说；二来我是怕他偷懒，怕他只去读我称赞过的文章。

　　我们知道，优中选优是很困难的。如果一定要我选择的话，我最喜欢的唐先生的文章或许有如下几篇：一、《晋书赵至传中所见的曹魏士家制度》。二、《清谈与清议》。三、《读〈抱朴子〉推论南北学风的异同》。四、《南朝寒人的兴起》。五、《范长生与巴氏据蜀的关系》。六、《东汉末期的大姓名士》。需要说明的是，我并不认为这几篇文章就一定是他所有文章中最重要的，只是觉得这几篇文章比较能反映出唐先生的敏锐与机智。赵至这个人物在西晋历史上一点也不重要，一般人看到他的传是不会太留意的。但唐先生读书非常仔细，《赵至传》中的各种异常之事，他都注意到了，并且给予了合理的、可靠的解释。唐先生这篇短文大概也就三千多字，但文中所展现出的作者目光的锐利确实令人叹服。《范长生与巴氏据蜀的关系》一文也有类似的特点。范长生对于巴氏李氏的建国起了不小的作用。文中说："李雄对于范长生的尊敬是为了他挽救了自己的危机，本不足怪。但是范长生何故要支持李氏？他是涪陵人，为什么住在成都附近之青城山，并拥有部曲？为什么他与徐轝的归附便能影响成败局势？即使为了感恩而给予特殊尊礼，又何至要让长生为君？徐轝的地位相同，为什么没有像范长生那样获得尊重？"在一般人容易忽略的地方，他一连提出了这么多问题，并最终从民族、宗教诸方面给予了合理的解释。《清谈与清议》一文篇幅不大，作者从这两个词在东汉魏晋南北朝各个不同时期的不同用法入手，一直分析到了玄学的起源。在读《抱朴子》一文中，唐先生从江南的"书法"、"语言"、"哀哭"、"居丧"四事开始,逐渐进入到一个宏大的场面,最终揭示出南北学术文化的不同。《南朝寒人的兴起》一文讨论了晋宋之间士庶区别日益严格的现象。唐先生不为现象迷惑,反而发现了恰好与现象相反的事物本质。他说:"士庶区别的严格化发生在此时正因为士庶有混淆的危险,所以这里并不表示门阀势力的强大,相反的倒是由于他们害怕这种新形势足以削弱甚至消除他们长期以来引以自傲的优越地位。"此外,文中还把南朝宫廷中流行吴歌、西曲之事与寒人的兴起联系了起来,表现出作者丰富的联想能力。

《东汉末期的大姓名士》一文没有曲折的考证,只是根据人所共知的基本史实就把汉魏之际大姓名士的作用以及这一群体的发展脉络梳理出来。作者说:"从中平六年(189)四月灵帝去世,何进辅政,到初平元年(190)春山东兵起,为时不到一年。大姓、名士曾经是何进依靠的政治力量,也是董卓依靠的政治力量,而藉讨伐董卓之名,乘机割据的又正是他们。他们是社会上最具有活动力量的集团。"一般认为曹操提倡"唯才是举",意在反对名士清议,而唐先生却发现了另一面。他说:"但是曹操仍然只能从大姓、名士中选用他所需要的人才,也仍然需要大姓、名士推荐他所需要的人才。"进而,唐先生又把这一认识与九品中正制度的出现联系了起来。他说:"制度是由陈群建议,延康元年颁布的,但建安年间实际上已采取这种办法,只是既不是普遍推行,更没有形成制度而已。曹操用颍川人即由荀彧荐举,荀彧岂非就是颍川中正么?用荆州人由韩嵩条列优劣,韩嵩岂非就是荆州大中正么?我们认为九品官人法既是创举,又是传统的大姓、名士品评人物、主持乡议的继续与曹操全部选举政策的继续。"这实在是精彩之论。曹操用人政策与中正制度通常被理解为截然对立的两端，后者是对前者的背叛。而唐先生利用最基本的史料，就突破了成见，指出表面看似对立的两端其实具有内在的一致性。有了这样的认识，中正制度的出现就不再显得那样突如其来了。我曾经说过，历史上很少有突如其来的事情，感觉上的突如其来大都是因为我们对此前的情况并不理解。尤为可贵的是，他得出这个结论，完全是出自对一般史料的敏锐分析，而并没有新资料可以依靠。通常地，越是一般性的资料，越是容易被人们忽略，而高手却往往能在这种地方展露风采，于一般之中看到不一般。

研究魏晋南北朝史，面临的一个最大问题是资料少，所以任何人若想在这个领域取得大的成就，都必须具备两种能力。首先是精致处理材料的能力，要尽最大可能从有限的材料中榨取尽可能多的信息。其次，还得具备"小中见大"的能力。如果只是一味地"小"，那就没有气魄，也无法解决大问题。在这两个方面，唐先生都是非常突出的。写到这里，我就想起了陈寅恪先生几十年前的一段话。他曾说："一时代之学术，必有其新材料与新问题。取用此材料，以研求问题，则为此时代学术之新潮流。治学之士，得预于此流者，谓之预流。其未得预者，谓之未入流。"我觉得，陈先生的上述认识与他所处的时代有很大关系。当时甲骨文等新材料的发现给学界以很大震动，学者们特别强调新材料的重要性是可以理解的。不过，对新材料的强调似乎也不可以过分。因为从道理上讲，没有挖出来的新材料总是有限的，总有穷尽时，若学术研究必须依傍新材料始能前行，那岂不是说学术研究也有穷尽时？比较而言，我倒觉得新问题更重要，有了新问题，就有了新眼光，于是旧材料就有了新意，就变成了新材料。其实陈先生自己的学术贡献主要还是来自于对旧材料提出新解释，而不是依靠新材料。在这方面，唐长孺先生也是如此。

唐先生的风格显然是受到了陈寅恪先生的影响。他自己的诗也可以作证。1988 年夏，中山大学首次召开纪念陈寅恪先生的国际学术讨论会，唐先生因故未能参加，题诗三绝赠给大会。诗曰：

> 燕子翩翩王谢堂，穹庐天末见牛羊。
>
> 西凉舞伎龟兹乐，收入毫端说巨唐。
>
> 胜义微言若有神，寻常史迹考文新。
>
> 先生自有如椽笔，肯与钱、王*作后尘？
>
> 掩卷心惭赏誉偏，讲堂著籍恨无缘。
>
> 他年若撰渊源录，教外何妨有别传。
>
> 戊辰初夏中山大学召开纪念
>
> 寅恪先生学术大会敬赋三绝
>
> 后学唐长孺

【*唐先生原注："钱竹汀、王西庄。"即钱大昕、王鸣盛两位乾嘉大师。】

唐先生对陈寅恪先生尊重如此，而陈寅恪先生对唐先生也是十分尊敬。1955 年，陈寅恪先生收到《魏晋南北朝史论丛》后，曾给唐先生去一信。信中说：

> 长孺先生左右：
>
> 今日奉到来示并大著。寅恪于时贤论史之文多不敢苟同，独诵尊作，辄为心折。前数岁曾托令妹季雍女士及金君克木转达钦服之意，想早尘清听矣。寅恪壮不如人，老更健忘，复以闭门造车之学不希强合于当世，近数年来仅为诸生讲释唐诗，聊用此糊口。所研索者大抵为明清间人诗词及地方志

乘之书，而旧时所授之课即尊著所论之范围，其材料日益疏远。故恐详绎大著之后，亦止有叹赏而不能有所质疑承教也。旧作《从史实论切韵》一册附呈，藉博一笑。

　　专此复谢敬颂

　　著祉

　　　　　　　　　　　寅恪敬启　九月十九日

　　上述书信往来还不是陈、唐的初次交往。早在1949年以前，唐先生评教授职称就是由陈先生审查通过的。据说当时唐先生的论著还未出版，提供审查的是《唐书兵志笺正》手稿。凭一册未刊手稿，由一个人说了算。这在今天几乎不可想象了。

　　唐先生最可贵的是，他虽然深受陈先生影响，也非常尊敬陈先生，但他并没有对自己所崇拜的对象采取迷信的态度。相反，在《读"桃花源记旁证"质疑》一文中，他对陈先生的观点提出了有力的质疑。他在研究领域的广泛、眼光的敏锐、小中见大诸方面都像陈寅恪，但他得结论时要比陈先生更稳一些。他总是把话说得极有分寸，让人难以反驳，所以和唐先生商榷的文章极难见到。老友阎步克先生曾不止一次和我说起研究者在学术上成熟的标志。他认为分寸感是一个很重要的标志。对此，我是深表赞同的。唐先生文字朴素，从不虚张声势。读他的文章很舒服，仿佛冬日的夜晚，一个老人坐在火炉旁，手捧一杯热茶，正向你娓娓道来。他非常谦虚，而且这谦虚一直持续到身后。他事先给自己的墓碑写下了碑文。那碑文说："生于吴，没于楚，勤著述，终无补……"

　　我与唐先生没有见过面，只通过两封信。第一次通信是在1987年。当时遵父亲嘱咐，我把自己发表的第一篇论文《魏西晋时代的九品中正制》寄给了他。他很快就给我回了信。信中还让我代他转达对周一良先生、田余庆先生的问候。当时我很不用功，也缺乏责任心，常常是醉生梦死，大概是忘了转达他的问候。第二次通信是在他去世那年。当时我正在写一篇短文《南阳士与中州士》。文章已经有了初稿，但距离发表还要有段时间。我知道他的日子已经不多，不可能看到这篇文章了，所以就写信给他，一是慰问，二是扼要介绍文章的主要内容。这时的他，因为双目失明，早已不能自己阅读了，我的信是由他的助手读给他听的，回信也是由他口授，助手来写，他只是签了名字。在信中，他还为我的文章操心，提了很好的建议。我曾经想把这封信附在文章后面，但又怕人说我拉大旗做虎皮，所以考虑再三，最后还是删了。

唐先生的《论丛》及《论丛续编》、《拾遗》诸书，我都是在当学生时买的，因为看的次数太多了，破损严重，但我仍然不愿意换新版的。二十多年来，各个时期自己批注的文字都在上面，偶尔翻看，感慨颇多，总觉得这二十多年里，我一直在与他交谈，即使在他去世以后也是如此。

周一良先生与魏晋南北朝史学史研究

魏晋南北朝是史学史上非常重要的一个时期。但不知何故，研究这一段的老一辈学者中除周一良先生外，其他人对此并没有给予太多的关注。在几十年的研究生涯中，周一良先生始终没有停止对这一段史学史的思考。他撰写的第一篇史学论文就是《魏收之史学》。该文1934年发表于《燕京学报》第18期。当时他只是一名年仅21岁的大学三年级学生。直到今天，这篇文章都极具参考价值，研究北朝史、研究史学史不可不读。上个世纪80年代到90年代，他又连续发表了《魏晋南北朝史学发展的特点》、《魏晋南北朝史学著作的几个问题》、《略论南朝北朝史学之异同》、《魏晋南北朝史学与王朝禅代》等几篇有关史学史的文章。这些文章后来都收录在他的《魏晋南北朝史论集续编》中。在他的《魏晋南北朝史札记》中也有若干涉及史学史的条目，如"崔浩国史之狱"、"魏收袭用南朝史书"，等等。

周先生在1999年撰写的简短的《学术自述》中，对一生的学术研究做了扼要的总结，其中对自己在史学史研究上的创获有相当详细的介绍。在另一篇文章《我和魏晋南北朝史》中，他回忆当年听邓之诚先生讲授魏晋南北朝史课时说："燕京规定学期末不考试，写一篇学年论文。我在这课就写了一篇《魏收之史学》。魏收的《魏书》受人诽谤，我从几个方面论证了《魏书》并非'秽史'，实际上是替他平了反，做了一篇反面文章。后来这篇文章登在《燕京学报》，那时我二十一岁。这就是我最初关于魏晋南北朝史著作的开始。四十七年以后，我为《百科全书》写'魏书'这一条，重翻旧文，发现其中颇有余季豫先生《四库提要辩证》所未及道者，因记以自勉。"在文章后半部，他又再次说到史学史研究："我对魏晋南北朝史没有总体的看法，也没有计划一个一个问题地突破。但是，我觉得在'通古今之变'这方面，还是做了一些工作。因此也有逐步深入的倾向。比如说对魏晋南北朝史学的研究，从《魏收之史学》到《论崔浩国史之狱》，一直到最后《论南北朝史学的异同》，这中间就在逐步融会贯通。"①大家都知道，周先生学问渊博，在中国史、日本史、亚洲史、敦煌学及中外关系史众多领域都有杰出贡献，但是他在总结学术生涯时却总是提到史学史研究。在1995年出版的《周一良学术论著自选集》中，他把上面提到的所有史学史论文都收录了进来。这些都说明他对自己在这个方面的工作是非常重视的。所以，若要回顾周一良先生所走过的学术道路，对他在魏晋南北朝史学史上的贡献就必须给予足够的关注。

对魏晋南北朝史学第一次给予全面总结的是《隋书·经籍志》，后来又有刘知幾的《史通》。《隋书·经籍志》限于体例，

---

① 周一良：《学术自述》、《我和魏晋南北朝史研究》，载《郊叟曝言》，新世界出版社，2001。

较为简单，不如《史通》细密。《史通》对从古至今，特别是魏晋南北朝时期的史学发展从多个方面做了介绍、评判。但是，刘氏其实并不理解这一时期史学的特殊意义。只是因为魏晋南北朝距离他最近，他掌握的材料最多，所以才使得《史通》的论述自然地以魏晋南北朝为主。与之相比，周一良先生对魏晋南北朝史学的关注显然已经是有一种自觉的意识了。他晚年的史学史文章标题多有"魏晋南北朝"诸字，反映出作者的意图是力争从总体上把握这个时期史学的基本面貌。

在《魏晋南北朝史学发展的特点》一文中，他提出这一段史学发展有若干特点。首先是史部著作的独立。"从典籍的分类来看，史学著作摆脱了隶属于《春秋》、作为经部附属品的地位而独立了。这也就意味着，史学从而成为独立的学科。"史学的第二个特点，"是继承先秦以来太史记录当代史事的传统而加以改革，设立专职史官，不再兼管天文历法，四百年间没有中断。"第三个特点"表现在史书的种类与数目，比起前一时期，史部著作数目骤增，性质复杂多样，门类异彩纷呈。"第四个特点，"与后代相比有所不同的，是编年体与纪传体两者并重，相辅而行。"第五个特点，"是出现一个分支——谱牒之学。这几百年中，家谱、族谱大为兴盛，数目骤增，种类繁多，谱学成为世代相传的专门之学。"最后一个特点，"为以前所未有的，是佛教与道教史书在纪传体史籍中正式占一席地，有关僧人与道士的传记开始出现。由于大量佛经译为汉文，僧人感到有必要编制目录，作为史学分支之一的佛经目录之学，也建立起来。"① 对这些特点的总结反映出他所注意的

---

① 周一良：《魏晋南北朝史学著作的几个问题》，载《魏晋南北朝史论集续编》。

并不局限于个别史学家，也不局限于某一部史学著作，而是要从史学与经学、史学与宗教、史学著作的体裁、史官制度等大的方面着眼。这使得他与前代学者有了明显的不同，甚至也与他自己年轻时写《魏收之史学》时不一样了，在境界上显然是更高了。

周先生在上述研究中还为后来的研究者留下了广阔的思考余地。比如说为什么这一时期史学能够与经学分离并获得了独立的地位？史官制度的变化是否与此有关？为什么与此后纪传体史学著作一统天下局面不同，编年体史学著作在魏晋南北朝也有较高的地位？史学著作种类的繁多是什么原因造成的？这些问题都值得我们深入思考。

在《魏晋南北朝史学著作的几个问题》一文中，周先生又发现了不少值得关注的问题。他说："当时对于班固《汉书》的兴趣，似乎大于《史记》，所以注《汉书》的特多。"关于《史》、《汉》的不同，自来学者虽多有关注，但从后人对二书兴趣的不同来提出问题的却不多见，如果能正确地回答这个问题，必定是极有意义的。关于语言文字方面，他指出："南朝文士有重近而轻远的倾向。"并引《文心雕龙·通变篇》："今才颖之士，刻意学文，多略汉篇，师范宋集。虽古今备阅，然近附而远疏矣。"后又引《史通·模拟篇》："大抵作者自魏以前多效三史，从晋以降喜学五经。"周先生敏锐地发现了刘勰与刘知幾所谓"近附而远疏"、"喜学五经"两说之间的矛盾。① 如何解释这个矛盾？这又是一个值得我们深思的问题。

史学与政治的关系，是周一良先生特别关注的又一类问题。

---

① 周一良：《魏晋南北朝史学著作的几个问题》，载《魏晋南北朝史论集续编》。

研究史学史的学者在涉及这类问题时主要是讨论分立的政权如何在史书的编撰上争正统。而周先生在《魏晋南北朝史学与王朝禅代》这篇文章中却着重讨论史家在修史时是如何处理王朝禅代这个敏感问题的。他在文章结尾处说："封建史家即使在私人著述中，由于本人所处时代与环境，总是尊本朝和它所继承的政权为正统……正统问题是封建统治者为表明自己政权的合法性而利用史书为之服务的。它不太涉及到具体历史事实的叙述与评论，只是史家笔下的安排，所以虽具有极重要的政治意义，其敏感与尖锐程度，却远不及历史中禅代问题的处理了。"① 除禅代问题外，周先生还对北朝崔浩国史之狱进行了细致的研究。由崔浩修国史引发的政治风波是北朝政治史、史学史上的一件大事。周先生在《札记》中对此有详细讨论。他提出，崔浩所修国史的"备而不典"，如实记录了拓跋早期失国、乱伦等事，暴露了北魏统治者祖先的羞耻屈辱，是其罹祸的主要原因。此文还对拓跋氏早期历史和世系做了精致的辨析。有学者称赞道："自来暧昧不明之北魏初期皇帝世系，可谓从此最后解决。"②

在周先生的诸篇史学史论文中，我最喜欢的是《略论南朝北朝史学之异同》。文章首先引了两条史料。《世说新语·文学篇》："褚季野语孙安国云：'北人学问渊综广博'，孙答曰：'南人学问清通简要'，支道林闻之，曰：'圣贤固所忘言。自中人以还，北人看书，如显处视月；南人学问，如牖中窥日'。"刘注："支所言但譬成孙褚之理也。然则学广则难周，难周则识暗。故如显处视月。学寡则易核，易核则智明，故如牖中窥日也。"《隋书·儒

---

① 周一良：《魏晋南北朝史学与王朝禅代》，载《魏晋南北朝史论集续编》。

② 周一良：《学术自述》，载《郊叟曝言》。

林传序》："大抵南人约简，得其英华；北方深芜，穷其枝叶。"
据此，周先生说："北方受两汉以来章句训诂之学的影响，治学偏
于掌握琐细具体知识，涉及面广，所谓渊综广博，穷其枝叶。南
方则在魏晋玄学和新传入的佛教思想影响之下，偏重于分析思辨，
追寻所以然的道理，即所谓清通简要，得其英华。"在这个大背景
下，他开始分析南北史学的不同，发现南朝范晔《后汉书》、沈
约《宋书》、萧子显《南齐书》中的论、序和北朝魏收《魏书》
中的论、序相比较，南朝史家著作中的论、序确实体现了"清通
简要，得其英华"的精神。如《后汉书·党锢传》序就不单议论
后汉，而是从春秋以后世风的变化谈起。范晔的有些论断，从今
天的角度看，也还是站得住的。他的史识正是南方学术倾向的特
征在史学方面的体现。而北方魏收的《魏书》列传中的论、序，
往往是就事论事，拘泥于一人一事论其功过，没有通观全局的评
论，看不到敏锐深刻的高见卓识，议论的思辨性也不强，确似显
处视月，广而难周。史学之外，周先生进而又注意到南北文学、
佛教方面的不同。他说，文学上，北人理胜其词，南人文过其意。
佛教上，北方重修行实践，南方重思索辨析。这都与史学上的南
北不同有相通之初。在这个基础上，他最后说："我曾有一种想
法，认为文化可分三个层次：文学、艺术、思想等属于狭义文化；
这些之外再加上政治经济制度以及衣食住行、生产工具等，可算
广义文化；而在一个民族的各不同文化领域内，还可能潜在有一
种共同的素质，贯串于各方面，名之为深义文化。南朝和北朝各
自在史学、文学以至宗教等领域内的共同相通之点，也可帮助证
成我的看法吧？"①

---

① 周一良：《南朝北朝史学的异同》，载《魏晋南北朝史论集续编》。

　　这篇文章的特色是作者没有具体考证什么，而只是从宏观的角度比较了南朝、北朝史学的相异之处。与文学、经学不同，史书中记载当时史学上南北相异之处的材料并不多。他在史书的论、序上找到南、北可资比较的因素确属不易。这一方面固然是因为他眼光锐利，而另一方面也与他多年的积累分不开。为说明这点，我们有必要从他早年的《魏收之史学》谈起。

　　在《魏收之史学》一文中，年轻的周一良先生作了大量细密的考证。《魏书》向来有"秽史"之名。而他认为"《魏书》大抵仍因旧史，后人心目中若谓全出伯起之手，故得肆其曲笔者，误矣！"他拿《魏书》与《十六国春秋》、《晋阳秋》、《续晋阳秋》逐条对比，发现《魏书》所载"十六国事大抵盖本于崔鸿《十六国春秋》也"。"至于东晋诸帝传，与《世说新语》注、《太平御览》等所引诸家《晋书》校，独合于孙盛《晋阳秋》、檀道鸾《续晋阳秋》。"① 这种从史源上辨析的方法虽然很费力，却是非常有效的，因为既然很多具体记载都是前人所写的，魏收自然不能为此负责任。关于魏收的讨论虽然结束了，但在这个基础上，几十年来他始终没有放弃这种细致比较的研究习惯，最终，他有把握地说道："古人修史，基本史实的叙述大体因袭前人著作为多。如袁宏《后汉纪》成书于范晔《后汉书》之前，而所记史事与范书无大异同，说明出自同一来源，而且取舍大致相近……沈约《宋书》亦多本于徐爱等之旧史，故百卷之巨帙一年而成书。但是，除去体制编排之外，纪传体史书仍自有最能体现作者特色的地方，就是序或论部分。"②

---

① 周一良：《魏收之史学》，载《魏晋南北朝史论集》。
② 周一良：《南朝北朝史学的异同》，载《魏晋南北朝史论集续编》。

回过头来看，如果不是他早年研究魏收时发现《魏书》大抵因袭旧史，如果不是沿着这条路继续走，进而发现"古人修史，基本史实的叙述大体因袭前人著作为多"，他就很难把注意力转移到史书的论、序上来。如果没有意识到论、序是最能体现作者特色的部分，他就很难意识到要从这个方面来比较南朝北朝史学著作的异同了。因此，此文看上去虽然只是宏观议论而没有具体考证，但实际上这是以几十年的大量细致的研究作为基础的。

周一良先生精通中外历史，这对他研究史学史也起了重要的作用。他说："最早的历史记载，大约都是依年代顺序来叙述。这符合人类思想的脉络。东西方史学著作的发展，也与此相适应。中国最早的历史《春秋》是编年体……西方最早的历史著作，如公元前五世纪号称'历史之父'的希罗多德的《历史》和修昔底德的《伯罗奔尼撒战争史》，基本上都是按年代顺序撰写的。罗马著名史学家李维（公元前59～公元17年）的罗马史，更是明确的编年体史书……在日本，除去记载神话传说的《古事记》之外，第一部历史《日本书纪》出现于八世纪初，也是编年体。"[1] 广博的知识背景使得他能够在中外历史间纵横驰骋并进而寻找到新的思考线索。

在文学领域内，文学史是极受人关注的，但是在史学领域内，史学史却有些受冷落。这是不正常的，也是不应该的。周一良先生在这方面作出了很大的贡献。我相信，后来的研究者必定会沿着他的这条道路继续前进的。

---

[1] 周一良：《魏晋南北朝史学发展的特点》，载《魏晋南北朝史论集续编》。

通者的气象

几年前，我撰写《汉唐间史学的发展》时，翻阅最多的就是钱穆先生的《中国史学名著》。我也常常向别人推荐这本书，但是，若问我这本书究竟好在哪里，似乎一时间又回答不上来。

这本书是根据钱穆给学生讲课的内容整理而成的。因为是讲义性质，所以书中有不少关于史家生平、史书内容的介绍，就此而论，它与一般的史学史著作并无不同。不过，除此之外，书中也毕竟还有很多能反映作者学术特点的地方。

钱穆在学术上的特点到底是什么？我不懂近代以来的学术史，不清楚这方面的学者是怎样概括的。从一个一般读者的角度看，我觉得他的特点或许可以用一个"通"字来概括。从纵的方面看，自先秦到明清，他都可以写出质量一流的著作来；从横的方面看，经学、史学、文学、宗教诸多领域他都懂。这样一种知识背景再加上他锐利的眼光，就使得他讨论问题时总能纵横驰骋，总有一种大视野、大气魄。比如讲到《春秋》，他并不就事论事，而是把着眼点置于先秦以来学术的大变化上面。钱穆一向非常注意所谓"王官学"与"百家言"的区分。他在此说："在古人当时，不仅从周公到孔子，即下至战国秦汉，在当时中国人脑子里，还无所谓'史学'一观念。当时学术大分野，只有经学和子学。"所谓经学即是"王官学"，所谓子学即是"百家言"。写《春秋》的事情本来属于王官学，可孔子却"以一平民身份而来做天子王官之事"，因此钱穆得一结论说："这一部《春秋》正在王官学与百家言的过渡中间。"讲到《隋书·经籍志》中经史子集四部的问题时，他还是把着眼点置于这个大变化上面。他说："以前的学问，只有上下两层。上面是王官之学，下面是百家之言，到现在则变成了经史子集四部了。"在这里，他依然没有就事论事，而是把关注的对象放在了一个很长的过程中来加以考察，寥寥数语就把从先秦到唐初的学术分合概括了出来，充分显示出了驾驭大场面而不被细节淹没的大家气象。

关于史学与子学的关系，他也有很多独到的见解。他说："中国史学有记言记事两条大路。像《国语》、《国策》都是记言的，远从《尚书》一路下来。但到孔子时代，记言又走了另外一条路，那就是百家言。"照他看，子学的源头是在史学。但另一方面，他又注意到子学对史学也有影响。在讲《史记》的列传问题时，他说："此下是七十篇列传，为太史公《史记》中最主要部分，是太史公独创的一个体例。但在《史记》以前，人物的重要地位，已经一天天地表现出来了。像《论语》、《孟子》、《墨子》、《庄子》都是一部书里记载着一个人的事与言。《论语》记言也记事，《庄子》、《孟子》等亦然。如'孟子见梁惠王'此是事，'王何必曰利'则是言。可见记事、记言不能严格分别。而记言则就特别看重'人'。当时有像《晏子春秋》，也就是把晏子一生言行写成了一部书。《管子》虽不称《管子春秋》，也只是讲管子的思想和行事。所以《史记》里的列传也不能说是太史公独创，以前早就有在历史中特别看重'人'的事实，只不过太史公把来变通而成为列传而已。"轻松地出入于子、史，而不局限在史学之内考虑问题，这是他能得出新见解的关键。或许有人并不同意他的这些解释，但他思考问题的路径无疑是很有启发性的。

关于纪传体与编年体的利弊得失，唐代刘知幾在《史通》中有很好的论述。具体到编年体的缺陷，刘知幾曾这样说："至于贤士贞女，高才俊德，事当冲要者，必盱衡而备言，迹在沉冥者，不枉道而详说。如绛县之老、杞梁之妻，或以酬晋卿而获记，或以对齐君而见录，其有贤如柳惠、仁若颜回，终不得彰其名氏、显其言行。故论其细也，则纤芥无遗，语其粗也，则丘山是弃。此其所以为短也。"受此启发，钱穆转而论说纪传体的长处。他说："在中国历史上，有很多并无事情上的表现而成为历史上重要人物的。诸位试把此观点去读二十四史，这样的人不知有多少。譬如《左传》两百四十二年，里面就没有颜渊，岂不因他没有事情表现，就不上历史。但颜渊这一人在历史上有他不可磨灭的地位，东汉以下人就特别看重颜渊。宋明时代人讲理学，也特别看重颜渊。怎能说颜渊不是一历史人物呢？既是一历史人物，就该上历史。所以司马迁以人物来作历史中心，创为列传体，那是中国史学上一极大创见。"能关注到"无事情表现"的人在历史上的影响，并进而从这个角度去评判纪传体的价值，这实在是很高明的。在讨论纪事本末体的时候，他也有类似的见解。因为不满意袁枢的《通鉴纪事本末》，钱穆说道："他书中题目都拣一些动乱之事，不见安定之象。文景之治，究是汉初一个安定局面，汉之所以为汉者赖有此，但他不懂，至少他看轻了……历史不能只管突发事项，只载动与乱，不载安与定，使我们只知道有'变'，而不知有'常'。"应该说，研究历史注意到"变"的重要是比较容易的，而注意到"常"的价值就很不容易了，这个思想与他注意到"无事情表现"的人有相通之处。钱穆对历史有着深刻的理解。正是这种理解使得他对史学著作的评价别具一格，一下子就超越了一般的史学史研究而站在了一个更高的位置上。

在介绍《史记》的《货殖列传》与《游侠列传》时，钱穆也有很好的分析。他说："近人也有说《史记》有《货殖传》，认为太史公对历史有特见，后来人不能及，这话也有些似是而非。如讲《史记·货殖传》，子贡是孔子的大弟子，下面来了陶朱公范蠡，他是越国大臣，又下边到白圭，做过梁国宰相，下边到吕不韦，做秦国的宰相，秦始皇还是他儿子。这些做生意人，在当时社会上地位重大，太史公自该来写《货殖列传》。下面的做生意人，没有社会地位了，即是没有历史地位了，不过是发点财做一富人而已，那当然不该再要《货殖列传》了。又如太史公又写了《游侠列传》，为什么后来人不写了，这也因在后代社会上游侠不成为一个特殊力量，却不能怪史家不写。"他不把史家写作上的取舍仅仅看成是史家个人的事情，而是从史家的不同取舍中看到了历史的变迁。这个认识的得出仍然是因为他没有把自己的思考局限在史学史的范围内。

钱穆在书中屡次告诫学生，读书时不能只看到书，还要能看到书背后的"人"。其实，他的很多精彩见解并不仅仅是因为他看到了书背后的"人"，而更重要的是，他还看到了"人"背后的"社会"。他研究史学史的高明之处，就在于此。关于这个问题，我们没有必要再费笔墨了，他自己在介绍章学诚的学问时已经说得很明白了。他说："章实斋讲历史有一更大不可及之处，他不站在史学立场来讲史学，而是站在整个的学术史立场来讲史学，这是我们应该特别注意的。也等于章实斋讲文学，他也并不是站在文学立场来讲文学，而是站在一个更大的学术立场来讲文学。这是章实斋之眼光卓特处。我也可以说，我同诸位讲了一年的史学名著，我自己也并不是只站在史学的地位上来讲史学。若如此，这就会像刘知几。而我是站在一般性的学术地位上来讲史学，所以我要特别欣赏章实斋。"钱穆在表扬章学诚，也顺带着把自己表扬了。不过我们并不反感，因为他确实是说到了，也做到了。钱穆的话很重要。研究历史问题的时候，选择何种观察角度、把问题看成什么是很要紧的。我们如果只把史学史看成史学史，那可做的工作恐怕主要就是写一些有关史家、史籍的介绍文章，而如果我们把史学史看成学术史的一部分、看成总体历史的一部分，那值得分析的问题就非常多了。

这本书是根据课堂记录整理而来的，所以读起来很有趣。钱穆常常有些即兴的发挥。他极力称赞纪传体史书，认为西方人写历史，重事不重人，像我们《尚书》的体裁，所以他说："西洋史学还停留在我们周公《西周书》的阶段。"他又说，马克思《资本论》讲资本家如何赚钱，这是马克思天天看报、调查得出来的，其实中国人一句简单的话早就讲明白了，这就是"为富不仁"。他对用公历纪元很不以为然，对于有人曾经主张用黄帝纪元、用孔子纪元，觉得"这还比较有意思"。他对未来中文在世界上的地位更是充满了信心："万一有一天，世界人类懂得中国文妙处，采用中文，此事非纯属空想。"像这样的议论在钱穆其他的书中也时常可以看到。在他的世界里，中西较量，得分的永远是中国，失分的永远是西方，这是一场完全没有悬念的比赛。照我看，西方人若信了他的话能着急死，中国人若信了他的话能高兴死。我常常想，一个非常渊博、非常有智慧的大史学家为何会有这么多幼稚的想法呢？其实道理可能非常简单，他实在是太爱自己的民族文化了，心中总有一种深深的眷恋，正像余英时先生说的那样，他"一生为故国招魂"。招魂，这是一件很庄严的事情，因此，或许我们不同意他的某些意见，但我们绝对应该尊重他的情感。

写于 2006 年

读《魏晋史学的思想与社会基础》

逯耀东先生是史学名家，但他的影响却不局限于史学界，史学界以外的很多人也都熟悉他的名字。这大约是因为他撰写了不少关于饮食文化的文章以及其他类型的散文。逯先生这方面的文章我也读过一些，的确是文字优美，且能见其真性情，难怪喜爱他文章的人有那么多。

不过，我最早知道逯先生却还是因为史学的缘故。前几年，王曾瑜先生听说我正在研究魏晋南北朝史学史，立刻主动借给我逯先生的《魏晋史学的思想与社会基础》一书。这本书是台湾东大图书公司出版的，当时在大陆很不容易找到。最近中华书局再次出版这本著作，对大陆学人来说，实在是再好不过的事情。

我曾在文章中引用过逯先生的观点，文章写好后，送给周一良先生审阅。周先生看到我文章中提到了逯先生，立刻就寄来了他请逯先生在饭馆吃饭时的合影。由此我才知道周先生与逯先生相识已久。逯先生是美食家，周先生是否也能算是美食家？我不知道，不过就我的观察来看，周先生一直到晚年，对美食都是有浓厚兴趣的，胃口之好，超出我的想象，举例说明一个问题时，也常常与"吃"有关，譬如几个老师合上的课，他就称之为"拼盘"。敢于请美食家吃饭，二人水平大概相去不远吧。我与逯先生没有见过面，只是曾寄给他拙作一册，请他指正。本以为日后总有机会见到他，没想到今年他却突然去世了。

中华书局出版的这本逯耀东先生的论文集除导言外，一共汇集了十六篇文章，手头没有东大版的旧书，无从细致比较，但就印象而言，新版书似增加了不少内容，并非旧版的简单重印，因此其价值也是不言而喻的。

逯先生书中的很多观点我都是赞同的。他在导言中说："一个时代的史学孕育在它所存在的时代中，并且与这个时代发生交互的影响，透过一个时代的社会与文化的变迁，可以了解这个时代史学的转变与特色；分析一个时代的史学发展，同样也可以寻找这个时代社会与文化变迁的痕迹。因此每一个时代的史学，都有其自身的特质和个性。"作者强调从时代与史学的交互关系来理解史学的变化，这的确是抓住了问题的关键。此外，关注一个时代史学的特质和个性也是很重要的意见。通常以为研究历史就是要研究历史发展的规律，但实际上研究者的工作并非如此。所谓"规律"，是一个"普遍性"的问题，而研究者每日需要面对的却是大量的具有"特殊性"的问题。

那么，就魏晋南北朝而言，史学到底有什么特色呢？通读全书，可以明显地感受到，作者最关注的就是经史分途一事。因为经学地位的动摇、儒家思想的衰退，魏晋时期史学逐渐独立了。这个现象很多研究者都是熟悉的，但是作者的思考没有到此为止，他紧紧抓住这个线索，以此为突破口，试图解释一系列的问题。关于杂传的兴起、关于经注与史注的不同、关于目录学的变化、关于史学评论的兴起等诸多问题，作者都是用"经史分途"这样一个大背景加以解释的。这就使得全书有了一个灵魂，十六篇文章形散而神不散。当然，在这个问题上我也多少有点疑惑，因为将复杂多样的问题归结为"一"的解释路径时常是有些危险的。

经史分途、文史之别、杂传、《三国志》裴注诸问题是本书作者重点关注的问题。这些也是我曾经十分关注的问题，因此几年前刚获读逯先生著作时，真是颇有一种空谷足音之感。关于裴注，我只写了一篇文章便觉得已经无话可说，而逯先生围绕《三国志》裴注问题，却连续写了"裴松之与《三国志注》"、"裴松之《三国志注》的自注"、"《三国志注》引用的魏晋材料"、"《三国志注》三国与汉晋间经注的转变"、"裴松之与魏晋史学评论"、"司马光《通鉴考异》与裴松之《三国志注》"六篇文章，用力之勤，令人叹服。在微观上，作者发现裴松之自注分为两种类型，一为"臣松之案"，一为"臣松之以为"。前者"是对陈寿《三国志》及注中所引其他魏晋时期史学著作材料，考辨异同与真伪"，而后者"则是以经过考辨后的材料为基础，提出其个人对历史事件与历史人物的评价，发抒己意"。这种细致入微的观察是能给读者留下强烈印象的。此外，一般研究裴注者，主要是从裴注保存史料一端入手，而作者则着眼于长过程，强调了裴松之在史学批评发展方面的贡献。《史记·五帝本纪》张守节《正义》曾引裴松之《史目》："天子称本纪，诸侯曰世家。"作者说："《史目》，《隋书·经籍志》未著录，仅《正义》一引，未见他书。但从《史目》对《史记》本纪所作的解释，显然已不是单纯的簿录之作了，很可能是一部系统的史学评论著作。如果这个推论属实，那么，中国史学评论的专门著作，在刘知幾《史通》前的两百多年已经出现了。"按裴松之《史目》仅见于《正义》，且只有寥寥数语，而作者却能敏锐地从中觉察到重要的信息，十分不易。关于《史目》的分析虽然只是一个推测，但作者由此展现出的"小中见大"的史学追求是令人赞赏的。在考据方面，作者还发现了裴注在材料、方法上对司马光《通鉴考异》的影响，这表明作者并不满足于就事论事，而是力争把具体问题纳入到一个更长的过程中来考虑，这或许也可以归纳为一种"小中见大"。在史学研究中，考证出一些细碎的小问题有时并不十分困难，宏观地发发议论更是容易，真正的困难正在于"小"与"大"的完美结合上面。有生命力的大见解常常是需要细节支撑的。

如果说本书有什么缺憾的话，我以为最大的问题就在于过多的重复。对此，作者在序言中解释说："……几经断续的重新开始，书中的文章出现了一种现象，就是一再重复某些材料或论证。不过，经过一再重复后，某些论点已言之成理，渐渐形成自我的体系。"尽管有这样的解释，我仍然觉得过多的重复是没有必要的。论点是否言之成理、体系是否能够形成似乎都与一再重复没有什么关系。逯先生已经离去，这方面的问题我不想多说了。

从史学与时代的关系入手研究史学的演进，这方面我与逯先生的意见没有分歧。也正是因为这个缘故，所以我一向认为专门史研究者必须要有断代史的基础。但是这里也有一个问题，由于专门化的倾向，现在的研究者大多不能通晓、研究多个断代，而在某一个断代当中，如果仅仅从史学与时代的关系考察，问题毕竟是有限的。如何才能发掘出更多的有价值的问题呢？我想，或许我们还需要从文本分析的角度细致考察史学著作的来龙去脉，毕竟史学除了与时代的关系之外，也还有它自己发展的内在理路。

村民的历史

侯旭东先生所著《北朝村民的生活世界》（商务印书馆，2005）是一部颇具特色的著作。本书的研究重点是北朝时期的基层社会。这与传统史学研究关注的重点有很大不同。由于研究观念、史料等方面的限制，传统北朝史研究的重点还是在朝廷、国家，而本书则是有意识地把关注的重点转移到基层社会，从而为我们描述出了一个十分生动、丰富的北朝基层社会图景，在诸如"村落"的性质、时空分布、"宗族"的含义、"三长"的地位、乡里与村民空间认同、"市"的多重意义等许多方面都提出了令人耳目一新的论点。

最早对"村"的社会意义进行研究的是日本学者宫崎市定。他的一个著名观点是：汉代农民也是居住在城内的"里"中，因而"村"的出现意义重大，它标志着汉代城市国家的崩溃和历史向中世纪的转化。本书对此提出了不同意见。作者根据新出土的吴简中出现大量与"里"并存的"丘"，提出了在汉代也应是"里名"与聚落的地方性名称并存。汉代的"里"大部分应是行政编制，不是行政村与自然村的合一，因此"村"的出现不能视为社会结构的时代性变化。这一观点极具说服力，势必引起中、日史学界对汉代社会转变进程的重新认识。

关于宗族问题，本书也提出了与传统观点很不相同的新见解。一般认为东汉以来宗族、宗族组织有了很大的发展，并对当时社会产生了意义深远的影响。作者依据大量具体事例，提出："同姓聚居村是安土重迁的背景下随着人口的繁殖自然产生的，这种情况并不意味着出现'宗族'组织。形成'宗族'首先要有父系世系意识，同姓村民能够通过'姓氏'建立相互的认同，确认相互的血缘与世代关系，这种意识在北朝时期的村落中刚出现不久，远未成熟。这是与汉代以来实际生活中父方母方亲属兼重传统的影响分不开的。人们生活中反倒是'邑义'、'社'之类的组织更为活跃。"这也是一个与传统认识相当不同的意见。

与此相关，作者在本书"造像记所见民众的国家观念与国家认同"一篇中，还进一步讨论了豪族问题。众所周知，日本学者谷川道雄先生曾提出了著名的"豪族共同体"理论。该理论十分强调六朝时期豪族在地方社会中所发挥的支配性作用。对此，本书也提出了不同意见。作者在详尽研究造像记内容的基础上指出：如果豪族在当时确有那么大的作用，"民众造像、祈愿时不会，也不应该忘记他们。不过，笔者所见的造像记只有为皇帝、国家、三宝、本人、祖先、家眷以及邑义知识、朋友与众生祈福的，没有哪种算得上豪族。当然，以1700多种造像记否认北朝地方上豪族共同体的存在与豪族的作用是危险的，但至少可以断定，并非时时、处处都存在豪族共同体，豪族的作用也是有限的。"这个观点非常值得注意。如果此说能够成立，则我们对魏晋南朝史的很多与豪族有关问题的认识就要重新考虑了。尽管很多学者并不同意豪族共同体理论，但在具体研究中，研究者还是相当重视豪族问题。根据作者的提示，这些传统认识或许有夸大豪族作用的嫌疑。

相当可贵的是，作者在探讨基层社会时，并没有片面夸大基层社会的"自治性"，而是充分注意到在"村"之上还有国家、政府。这从本书的副标题"朝廷、州县与村里"中也可以清楚地看出。准确地说，作者就是试图从三者互动的关系中来把握基层社会的面貌。基于这种周全的认识，作者在本书结尾处还提炼出了一个新的概念——"村里"。作者解释说："'村'是自然形成的聚落名称，代表了村民生活自在自为的一面；'里'是朝廷的基层行政编制，代表了朝廷的统治与村外的世界——兼顾了两方面，可能较好地体现了村民生活基本空间的两重性。"这样有重点，但又不偏激的分析立场反映出了一个成熟研究者进退得当的分寸感。

需要特别强调的是，作者之所以能够取得这样丰硕的成果，是与其深厚的理论修养以及对史料、特别是对新史料的运用分不开的。在理论方面，作者对当代西方史学理论，以及社会学、人类学的理论有着相当深入的理解；在史料方面，作者在传统史料之外，大量使用了如造像记、墓志、碑铭等出土资料。本书很多重要结论的得出都与此有关。可以说，在开掘史料来源方面，作者为北朝史研究作出了很大的贡献。

本书在理论与史料两个方面呈现出的特征彼此是有关联的。我想，如果不是出于理论上的某种考虑，作者不会有意识地关注北朝地方基层社会，而一旦把目光对准了地方基层社会，就自然会发现传统的，以记载朝廷政治制度、政治活动为主的官方史料是远远不够的，这就迫使作者不得不在开拓史料来源上下工夫。

作者出身中国古代史专业，在史料的处理上训练有素。书中各篇虽然有着明显的理论关怀倾向，但读过之后，并不给人以牵强附会的感觉，究其原因，就在于作者的理论思考都是以细密的资料考订、分析为基础的，如"北朝并州乐平郡石艾县安鹿村的个案研究"一篇就是显例。作者在文中非常详细地比较了"王法现造像"、"陈神忻造像"两个造像记的内容异同，发现"一、二两记内容相近，但所处的时代背景已经发生变化，王法现造像时仍是元魏的天下，到了陈神忻造像时，早已鼎移高氏，成为大齐的臣民了。可是两记的内容区别不大"。作者据此分析说："王朝的禅代在普通百姓那里没有什么波澜，这里似乎暗含着民众对王朝统治体制的认可与忠于具体王朝间并无直接的联系。"这个分析就很细腻、很值得玩味。

作者在书中还涉及了一个比较有趣的话题，即村落名称。他说："目前仍然可以找到不少自北朝以来一千多年沿用不变的村落名称，北京附近也有一些自唐代以来位置与村名固定未变的村落，如今天和平门外琉璃厂所在的海王村也是自唐代就已存在，且名称一直未变。"作者在另一场合还概括地说："通观中国历史的全过程，秦统一后，行政制度上变化最频繁的就是朝廷以下和县以上的设置。"对这些现象，作者虽然没有展开讨论，但我以为很值得读者思考。当整个社会发生了很大变化时，幅员广阔、人口众多的基层社会却很可能是少有改变，相当稳定。这是为什么？换言之，社会各个层面的变动为什么不是同步的呢？

最后，我还想说说史料的问题。如前所述，作者根据造像记等出土石刻资料得出了很多仅仅根据传统史料难以得出的新见解。这固然是可贵的，但也容易使我们陷入困惑，即当两种资料表现出相当大的冲突，甚至是截然对立的时候，我们究竟应该相信谁？

比如豪族问题就是如此，根据传统史料，到处都是豪族，到处都有豪族的影响，但在造像记中，我们又几乎看不到豪族的踪影。这个问题应该如何处理？我想，简单地用一方否定另一方恐怕不可取，两种资料呈现出的矛盾性，可能既反映了社会生活本身的复杂性，同时也与这些不同类型的历史资料各自的特殊性有关。因此，面对这些问题时，我们思考的重点或许应该是想尽办法，化解记载的矛盾，在二者之间找到一个合理的平衡点。

关于"汉唐间的史学"

这几年，我对史学史比较感兴趣，所以便写下了这本小书。我的本意其实只是想讨论魏晋南北朝时期的史学，但因为其中有的部分也涉及了汉唐，所以不得不以"汉唐间"笼统言之。

本书是以专题研究的方式展开讨论的，起初我也曾经考虑过以章节体的方式撰写一部较为全面的"魏晋南北朝史学史"或"汉唐史学史"。但最终还是放弃了这个计划。我的想法是，如果全面叙述这一时期的史学史，势必要涉及我没有研究心得的部分。为求完整，这样的部分必定要大量引用前人已有的研究成果，造成不必要的重复。此外，一部较为全面的史学史，必定要按着时间顺序叙述史家生平、介绍史学著作。在专题研究没有取得多大进展时，单凭这种叙述、介绍，史学发展的内在逻辑并不一定能够自然地展现出来。采用专题研究的方式就不同了，一方面，可以避免讨论那些我没有研究心得的部分；另一方面，跟着问题走，也有利于揭示出那些隐藏于现象背后的史学发展线索。

专题研究的方式也有自身的缺陷。各专题之间的联系或紧密或松散，读者难以获得一个整体的印象。为弥补这个缺陷，本书在结语部分，从总的方面对这一时期史学的特点以及它在史学史上的贡献、价值做了讨论。读者可以从中了解到我对汉唐间史学的总体认识。

史学的发展不会是孤立的，它总是与其他学术领域，与一定时代的学术思潮、社会思潮存在着密切的联系，因此，本书竭力要做的，就是把史学史的问题置于学术史、社会史的背景下来加以考察。这样一个出发点应该是不错的，但是具体操作起来却十分困难。我的知识很贫乏，实际上不足以完成这样的任务。几年来，为了了解一点其他学科的知识，花费了大量的精力，在很大程度上，研究过程变成了学习过程。由于对相关知识掌握的程度深浅不同，也由于对各专题思考的成熟程度不同，所以本书各部分的水平也是参差不齐的。这些缺憾都不是短时间内能够弥补的，只能寄希望于将来了。

从总体上看，汉唐史学发展史上最重要的事件当然是司马迁《史记》的问世了。这是史学发展史上的一座里程碑。按我的理解，《史记》既是大一统的政治局面下的产物，同时也是对战国文化的一次历史总结。没有战国以来"人之发现"的历史潮流，没有战国文化传统在西汉的延续，就不会有以人为中心的纪传体《史记》的问世。《史记》虽然辉煌，但我们也不能忘记，自司马迁那时起，汉代就是一个经学的时代，所以虽然有司马迁、班固这样第一流的史学家，但总体上讲，当时附着在经学上的史学还是比较寂寞的，远不如魏晋南北朝时期的史学那样令人目不暇接。

魏晋南北朝时期，史学著作种类、数量激增。对这段史学第一次给予全面总结的是《隋书·经籍志》，后来又有刘知幾的《史通》。《隋书·经籍志》限于体例，较为简单，不如《史通》

细密。《史通》对从古至今，特别是魏晋南北朝时期的史学发展从多个方面做了详细的介绍和评判。但是，刘知几其实并不理解这一时期史学的特殊意义。只是因为魏晋南北朝距离他最近，他掌握的材料最多，所以才使得《史通》的论述自然地以魏晋南北朝为主。唐代以后，司马光的《资治通鉴》对魏晋南北朝史料进行了系统的整理，清代学者更是对这一时期的几乎每一部史书都给予了细致的考订。所有这些前代学者的工作都很有价值，为我们的进一步研究提供了莫大的帮助。

上个世纪，学者们对魏晋南北朝史学的特点多有关注。周一良先生曾就此专门撰文探讨。他指出，这一阶段史学发展具有以下几个特点：一、史学的独立："从典籍的分类来看，史学著作摆脱了隶属于《春秋》、作为经部附属品的地位而独立了。这也就意味着，史学从而成为独立的学科。"二、设立专职史官："继承先秦以来太史记录当代史事的传统而加以改革，设立专职史官，不再兼管天文历法，四百年间没有中断。"三、史书的种类与数目增多："比起前一时期，史部著作数目骤增，性质复杂多样，门类异彩纷呈。"四、编年纪传并行："与后代相比有所不同的，是编年体与纪传体两者并重，相辅而行。"五、谱牒之学出现：史学著作中"出现一个分支——谱牒之学。这几百年中，家谱、族谱大为兴盛，数目骤增，种类繁多，谱学成为世代相传的专门之学。"六、宗教史书籍出现："佛教与道教史书在纪传体史籍中正式占一席地，有关僧人与道士的传记开始出现。由于大量佛经译为汉文，僧人感到有必要编制目录，作为史学分支之一的佛经目录之学，也建立起来。"（《魏晋南北朝史学的特点》）

对这些特点的总结，反映出周一良先生所注意的已经不再局限于个别史家，也再不局限于某一部史学著作，而是要努力从史学与经学、史学与宗教、史学著作的体裁、史官制度等大的方面考虑。在今天看来，这些特点或许还可以进一步归纳，如专职史官的设立与史学的独立可能就同属一个问题。又如谱牒之学与宗教方面的书籍似乎也可以理解为"史书的种类与数目增多"的又一个例证。

周先生的上述概括具有启发性。不过，若抛开这些具体问题不论，我们将面对着一个更为根本性的问题，即在众多特点的背后，制约着魏晋南北朝史学发展的最重要因素到底有哪些呢？

应该说，制约魏晋南北朝史学发展的最重要因素当首推史学的独立。史学独立的意义不可低估。如果还像汉代那样，经学维持一统天下的局面，士人注意力全在经学，史学就很难有大的发展。史学的独立确实为史学的发展赢得了一个更大的空间。不过尽管如此，我并不主张把经与史的分离过程理解得过于绝对。前文讨论经史关系时，实际上比较强调的是史学对经学、特别是对古文经学的继承。我之所以特别强调这一点，是因为若把经史关系理解得过于绝对，一方面不符合历史事实，另一方面也势必会使学术的演变失去过渡环节，变得难以理解。而从史学继承经学这个角度出发，则可以解释很多问题。如史学著作在语言、体裁、注释方法诸方面对经学的模拟、史学著作的繁简变化以及史学批评原则的改变等现象都可以由此得到说明。

制约魏晋南北朝史学发展的另一个重要因素是私人修史的盛行。关于这个问题，金毓黻先生早有论说。他的《中国史学史》第四章的标题是："魏晋南北朝以迄唐初私家修史之始末。"以"私家修史"来概括魏晋南北朝史学，确实是抓住了问题的要害。这一时期，史学著作之所以种类繁多、数量剧增，关键原因就在于众多私人纷纷自发修史。从这个角度出发，也可以解释很多问题。私人修史为何会如此盛行？金毓黻先生有如下一段解释：

> 当此之时，私家作史，何以若是之多，其故可得而言。两汉经史，最重家法，至后汉郑玄，而结集古今学之大成。魏晋以后，转尚玄言，经术日微，学士大夫有志撰述者，无可抒其蕴蓄，乃寄情乙部，壹意造史，此原于经学之衰者一也。自班固自造《汉书》，见称于明帝，当代典籍史实，悉集于兰台东观，于是又命刘珍等作《汉纪》，以续班书，迄于汉亡，而未尝或辍。自斯以来，撰史之风，被于一世，魏晋之君，亦多措意于是，王沈《魏书》，本由官撰；陈寿《国志》，就家逐写；晋代闻人，有若张华、庾亮，或宏奖风流，或给以纸笔，是以人竟为史，自况马、班，此原于君相之好尚者二也。古代史官世守之制，至汉已革，又自后汉灵、献之世，天下大乱，史官更失其常守，博达之士，愍其废绝，各纪见闻，以备遗亡，后则群才景慕，作者甚众，《隋志》论之详矣，此原于学者之修坠者三也。若乃晋遭"八王之乱"，南则典午偏安，以逮宋、齐、梁、陈，北则诸国割据，以逮魏、齐、周、隋，历年三百，始合于一。割据之世，才俊众于一统，征之于古，往往而然。当时士夫各有纪录，未肯后人，因之各有国史，美富可称，此原于诸国之相竟者四也。综上所论，具此四因，私史日多，又何足怪。

金先生列举了四条原因。其中有的解释是比较勉强的。如以"君相之好尚"论说就失之于空泛。唐初，"君相之好尚"超过往昔，遂有大规模修史活动发生。然而也正是从此开始，私人修史日益衰微。以"割据之世"诸国竞相修史来解释也有难通之处。因为北方割据诸国最多，但所修之史往往并非私撰。私人纷纷撰史更多的是在汉末魏晋以至南朝，通常所谓"八家《后汉书》"、"十八家《晋书》"就是出自这一时期。这与"割据之世"没有什么关系。

我认为，影响私人修史最重要的因素在于专制皇权强大与否。汉末以来，皇权衰落，"天下大乱，史官失其常守"。这是造成汉晋时期私人修史蓬勃发展的最关键原因。反面的例证也可以说明这个问题。从十六国开始，北方地区正是由于皇权的干预，所以才缺乏私人修史的风气，从而使得史学著作在种类、数量上都不能与南方相比。同样的，与魏晋相比，南朝专制皇权有了很大加强，所以就出现了大量的奉敕之作，出现了从私撰到官修的发展趋势。隋唐的情况也是如此，因为国家禁止私人修史，所以魏晋以来因大量私人修史而造成的史学繁荣局面终告结束。总之，专制皇权强弱与私人修史多寡这两个方面存在着明显的联系。

关于"私人修史"问题，还有进一步深究的必要。东汉以后，士人群体表现得十分活跃。如果仔细考察，就会发现各种类型的史学著作其实大都是士人以及由此而演化出的士族所作。因此所谓"私人修史"也可称之为"士人修史"、"士族修史"。士人或者说士族修史不完全是为国之兴亡考虑，而是往往有着很强的个人的、家族的目的。他们或是借修史以求个人之不朽；或是借修史以记录家族的辉煌。因此，史学著作所记载的也多是他们自身的历史，不论是人物别传、家传、郡书，或者是家谱都是如此。就连记录"街谈巷议"的小说中的主人公也多是当时著名的士人、士族。这与汉代小说是很不一样的。影响所及，甚至后来被称之为"正史"的王朝史，何法盛的《晋中兴书》，魏收的《魏书》，李延寿的《南史》、《北史》等也都有大量对士族家世的介绍。

关于这一时期史书多记士族活动，钱穆先生曾有论述。他说《隋志》史部"十三类中重要的，一是人物传记，其次便是地理记载"（《综论东汉到隋的史学演进》）。他解释说："盖人物与地理有关，二者之受重视，则为当时门第郡望观念之影响。"（《略论魏晋南北朝学术文化与当时门第之关系》）

钱穆先生注意到了"人物传记"的重要性，这与我的理解相当接近。他所说的"人物"其实就是我所说的士人、士族。不过，我还是更愿意用"士人"、"士族"这样的称谓，而不用钱穆先生所说的"人物"。因为在这之前，司马迁的纪传体《史记》不也是重视"人物"吗？所以泛泛地说重视人物，必然会模糊两个时期史学的不同。实际上，司马迁与魏晋以后史家所重视的"人物"是有很大不同的。春秋战国以来，对"人"之所以重视，是因为国之兴衰在"人"。出发点是"国"，而不是"人"。此外，在战国以来民本思潮的影响下，司马迁非常关注下层社会普通人物的生活与命运。可见，虽然同样是记载"人物"的活动，但《史记》中的"人物"与魏晋以后史学著作中的"人物"还是有很大区别的。

此外，把"人物传记"与"地理记载"联系起来也是很难成立的。钱穆先生所谓"人物传记"就是指我们前面讨论过的包括了高士传、名士传、别传、家传、郡书等在内的杂传。按本书的理解，杂传与地理书并没有什么关系。地理书是由于当时的人们对异物以及山水风光感兴趣而盛行起来的，而大量人物传记则是受当时人物品评风气影响而出现的。地志盛行于汉魏六朝，而杂传到南朝便已衰微；地志主要出自南方，而杂传却并非如此。二者在时间、空间上的分布都是不吻合的。钱穆并没有具体研究过这两类书，却试图用门第社会这个大的时代背景来简单地、笼统地解释问题。这是他出错的一个根本原因。

真正属于一个时代的特点总是会随着这个时代的结束而消失。南朝以后,政治上,士族逐渐退出舞台;学术上,私人修史日渐衰微,史书数量减少,而魏晋南北朝写成的史书也大多散佚了,今天能看到的寥寥无几。那么,这个时代的史学究竟在史学史上留下了什么有价值的东西?

我们先来看钱穆先生的评价。钱穆先生对这一时期史学评价不高。他在批评刘知幾时连带地批评了魏晋以来的史学。他说:"史书最重要的要能看出当时这许多史事背后的实情和意向,而刘知幾《史通》在这方面是缺乏的。他只注意在几部史书的文字上,没有注意到史的内容上。他只论史法,没有真正接触到史学。苟无史学,他所论的史法,都是肤浅的、皮毛的。"他又说:"总之,刘知幾只注意到史书,没有注意到历史本身,也没有注意到写历史的背后的这个人。"刘知幾何以至此?钱先生分析说:"若使在刘知幾以前,史学界早有一番极高明的史学的话,刘知幾也就不止于此。正因为从班孟坚《汉书》以下,都不能和司马迁《史记》相比。《三国志》、《后汉书》一路下来,经学史学大义慢慢迷失,所以当时人已只懂看重班孟坚的《汉书》,而不能看重到太史公的《史记》。讲材料,班固《汉书》是来得细密了,或许可在《史记》之上。但讲史识、讲学问的大精神,《史记》这一套,班固就没有学到。以后一路跟着班固的路,史学慢慢走向下坡,我们只要读刘知幾的《史通》,就可以回过头来,看东汉以后的史学慢慢儿地暗淡了。"他又说:"(东汉到唐初)在外观上,是史学很盛,但是看到他的内里精神方面去,史学实已衰了,远不能同从周公孔子到司马迁那一段相比。"(《刘知幾〈史通〉》)

钱穆先生的意见有相当大的合理性。从今人的角度看,《史通》确实是境界不高。刘知几只是关注史书的体例，缺乏思想深度。他的局限性也正如钱先生所说，是由他以前史学发展状况所决定的。从东汉到唐初，的确是没有任何一个史学家可以和司马迁相比。司马迁的史学具有很强的历史哲学色彩。他不满足于对历史事实的陈述，而是要"究天人之际，通古今之变，成一家之言"。他为什么能有这样高的追求呢？关键还在于战国以来思想界的认识已经达到了这种境界。而司马迁以后，思想界并没有提供出新的可资利用的东西，在史家历史观念中占据统治地位的还是诸如天人感应、五德终始等旧的思想。魏晋一代虽有新思想发生，但热衷于本体论的玄学却没有、也不可能帮助人们在历史认识上有进一步的深化。所以，众多史家只能在体裁上做文章。体裁的丰富远远超过了思想的丰富。

尽管如此，我并不同意钱穆先生所说东汉以后的史学只是在走下坡路，"慢慢儿地暗淡了"。这样看问题未免简单化了。固然就单个史家而言，没有人可以和司马迁相比，但于众多史家的不懈努力中，我们仍然可以感受到史学的进步。

在我看来，魏晋南北朝时期史学最大的贡献就在于它促进了史学批评的发展。从先秦到两汉，虽然已经有了一些史学批评的萌芽，但毕竟是极初步、极简单的。孔子说："董狐，古之良史，书法不隐。"（《左传》宣公二年）西汉"刘向、扬雄博极群书，皆称迁有良史之材，服其善序事理，辨而不华，质而不俚，其文直，其事核，不虚美，不隐恶，故谓之实录"（《汉书·司马迁传·赞》）。汉以后，"文直"、"事核"、"实录"仍然是评价史书的重要原则。西晋人评价陈寿书："虽文艳不若相如，而质直过之。"（《晋书·陈寿传》）东晋王导建议修国史，其言曰："务以实录为后代之准。"（《晋书·干宝传》）后燕董统受诏修史，慕容垂称其"叙事富赡，足成一家之言，但褒贬过美，有惭董史之直"（《史通·古今正史》）。北魏高允说："夫史籍者，帝王之实录，将来之炯戒。"（《魏书·高允传》）刘宋范晔评价司马迁、班固说："迁文直而事核，固文赡而事详。"（《后汉书·班固传》）南齐崔祖思批评当时史官说："今者著作之官，起居而已，述事之徒，褒谀为体。世无董狐，书法必隐，时阙南史，直笔未闻。"（《南齐书·崔祖思传》）刘勰在《文心雕龙·史传》篇末尾将这些原则简洁地概括为："辞宗丘明，直归南董。"

除了继承前人的上述评价标准外，魏晋南北朝时期史学批评所涉及的领域其实还有很大的拓展。如对史书繁简问题的讨论，对条例、史论的重视，对文与史不同评价标准的认识，对编年体、纪传体体裁优劣的思考都是新出现的史学批评内容。尤为值得注意的是，人们对史学著作内部的分类也日益重视。梁代阮孝绪在《七录》"纪传录"中把史学著作分为以下十二类：国史、注历、旧事、职官、仪典、法制、伪史、杂传、鬼神、土地、谱状、簿录（《七录·序》）。《隋书·经籍志》史部基本上继承了这个分类原则，又将史书分为十三类。分类的思想是十分重要的，它很自然地导致人们对各种史学著作的体裁以及源流作进一步的思考。以后刘知幾的《史通》在很多场合正是在分类的原则下展开了对各种史学著作的评论。

总之，这一时期史学批评取得了明显的进步。究其原因，则在于史学著作数量的激增与种类的繁多，由此史家才有了一个比较、鉴别各种史书的可能。翻检《史通》，可以看到刘知幾谈任何一个问题，都要举出大量的史书作为例证。如果唐初的史书还是像《汉书·艺文志》所列举的那样，只有为数有限的几种，刘知幾是断然写不出《史通》的。由此我们也看到，魏晋南北朝史家所撰写的绝大多数史学著作虽然早已不存，但其价值却通过另外一种方式得到了体现。

从今天的角度看，《史通》固然水平不高，但它的出现却极有意义。它标志着史学批评已经不再是一种对史学著作随意的、零星的评价，而是变成了一种自觉的、系统的学问。史学内部的一个新的领域由此而形成。有趣的是，钱穆对刘知幾多有微词，而刘知幾在《史通》中对前代史家也是批评多于赞扬。他不理解，正是这众多遭到他批评的史学著作的存在，才使得他成就了自己的事业。

如果用最扼要的方式概括汉唐间史学的发展，我们或许可以这样表述：在这一历史时期开始的时候，我们看到了《史记》；在这一历史时期结束的时候，我们又看到了《史通》。《史记》是对此前战国学术的历史总结，而《史通》则是对此前魏晋南北朝学术的历史总结。在这里我们分明感受到，在史学发展的漫长道路上，那些具有里程碑意义的进步往往不是突如其来的。

对于我而言，研究工作总是非常艰难的。多年来，每当我选定了一个要研究的问题时，就立刻把自己交给了问题，于是就变得被动了。问题带我走入一个长长的黑暗隧道。最终能否走出隧道，重见光明？我并不知道。有时经过艰难的摸索，真的走了出来，有时不得不原路退回，也有的时候，自以为找到了出口，但其实那只是一个虚幻的、想象中的出口，当冷静下来以后，才意识到自己仍在黑暗中。当然，我也知道有一种省力的办法。我可以拒绝问题的诱惑，不跟着它进隧道，只是在阳光下散步，只是简单地叙述史学发展的历史过程，向读者提供一些一般性的知识。但实际上这是自欺欺人，无异于是把入口处的光明当成了出口处的光明。

二十多年前，我的父亲胡如雷引我走入史学研究的领域。以后我又跟随周一良先生学习魏晋南北朝史。二十多年后的今天，当本书即将出版时，他们都已不在人间，永远无法看到这本小书了。这是我深感遗憾的。

写于 2002 年 12 月 6 日

【附识】本文是将拙著《汉唐间史学的发展》一书“自序”与“结语”合并而成。

《史记》的命运与史学的变化

《史记》在今天享有崇高的地位，但是在历史上它的命运却并非如此。东汉班固曾经批评司马迁"论大道则先黄老而后六经，序游侠则退处士而进奸雄，述货殖则崇势利而羞贱贫，此其所蔽也。"（《汉书·司马迁传》）唐初，《隋书·经籍志》在介绍《史记》、《汉书》的流传时说："《史记》传者甚微"，司马贞说"汉晋名贤未知见重"（《史记索隐》序）。

当然，我们注意到汉晋时期对《史记》也有一些积极的评价，如西汉刘向、扬雄"皆称迁有良史之材，服其善序事理，辨而不华，质而不俚，其文直，其事核，不虚美，不隐恶，故谓之实录"。（《汉书·司马迁传》）西晋华峤也说："迁文直而事核。"（《后汉书·班彪传论》。据李贤注，此句为"华峤之辞"）在晋代，也有人从简约的角度夸奖《史记》。张辅说："迁之著述，辞约而事举，叙三千年事唯五十万言。"（《晋书·张辅传》）

这些评价虽然不错，但在今天看来，还远不足以反映出《史记》的特殊地位，因为得到类似评价的史书并不止《史记》一家。如《三国志》作者陈寿，"时人称其善叙事，有良史之才。"（《晋书·陈寿传》）南朝刘勰说"陈寿三志，文质辨恰。"（《文心雕龙·史传》）华峤所撰《后汉书》在西晋也颇受好评，时人以为"峤文质事核，有迁固之规，实录之风"。（《晋书·华峤传》）至于说到简约，那也不是《史记》独有的，如"孙盛《阳秋》，以约举为能"（《文心雕龙·史传》），干宝《晋纪》，"其书简略，直而能婉，咸称良史"。（《晋书·干宝传》）总之，在相当长的一段时间里，人们并没有把《史记》看得很特殊。这与我们对待《史记》的态度大不相同。

我在《汉唐间史学的发展》一书中曾经说："古代史学与现代史学是不一样的。现代史学是以解释为主，以叙述为辅；而古代史学则是以叙述为主，以解释为辅。"当时这样说是为了说明史书中"史论"部分的重要性。现在讨论古人、今人对《史记》的评价问题，这段话同样有用。萧统《文选》序称史书为"记事之史，系年之书"。刘知幾《史通·叙事》篇说："夫史之称美者，以叙事为先。"既然史书主要就是"记事"、"叙事"，那么其中文字表达如何、事情叙述得是否真实可靠自然就成了衡量其优劣的重要尺度。前引汉晋人所谓"文直事核"就是在强调这两个方面。

孟子说："王者之迹熄而《诗》亡，《诗》亡然后《春秋》作。晋之《乘》，楚之《梼杌》，鲁之《春秋》，一也：其事则齐桓、晋文，其文则史。孔子曰：'其义则丘窃取之矣。'"（《孟子·离娄下》）按此，在"文"与"事"之外，史书还涉及"义"的问题。那么，什么是"义"呢？简单地说，所谓"义"就是指通过"奖善惩恶"，从而使得"乱臣贼子惧"。这是孔子改编《春秋》的根本目的，所以司马迁说："《春秋》以道义。"（《史记·

太史公自序》）

　　总之，"事"、"文"、"义"三项是古代史学评论最关注的内容。明白了这一点，就比较容易理解汉唐人对《史记》为何评价不高了。按当时人看，《史记》在"事"的方面尽管也不错，但并不突出，甚至还不如《汉书》。东汉王充说："班叔皮续谈《太史公书》百篇以上，记事详悉，义浃理备，观读之者以为甲，而太史公乙。"（《论衡·超奇》）如果从"义"的方面看，《史记》问题就更多了，"论大道则先黄老而后六经"，在汉儒看来实属"不义"。

　　那么，今人为什么会特别看重《史记》呢？我想，原因至少有以下两点。首先，我们非常重视史学史上新体裁的开创，而《史记》正是开创了纪传体史书的新体裁。这是一个里程碑，由此一路下来，纪传体史书绵延不绝。但是，让当时人具有我们这样的认识是不太容易的，因为他们无法预料以后的史学发展状况。其次，我们重视《史记》，还在于司马迁的著史目的，即所谓"究天人之际，通古今之变，成一家之言"，几乎所有研究《史记》的学者都会提到这句话。这是为什么呢？这是因为我们的史学是以解释为主，我们最看重的是对历史的解释，而司马迁的这句话正表现出强烈的解释历史的愿望。这个特点在《史记》中时常可以看到。《史记·六国年表序》：

　　　　秦始小国僻远，诸夏宾之，比于戎翟，至献公之后常雄诸侯。论秦之德义不如鲁卫之暴戾者，量秦之兵不如三晋之强也，然卒并天下，非必险固便形势利也，盖若天所助焉。或曰"东方物所始生，西方物之成孰。"夫作事者必于东南，收功实者常于西北。故禹兴于西羌，汤起于亳，周之王也以丰镐伐殷，秦之帝用雍州兴，汉之兴自蜀汉。

《史记·魏世家》：

> 太史公曰：吾适故大梁之墟，墟中人曰："秦之破梁，引河沟而灌大梁，三月城坏，王请降，遂灭魏。"说者皆曰魏以不用信陵君故，国削弱至于亡，余以为不然。天方令秦平海内，其业未成，魏虽得阿衡之佐，曷益乎？

《史记·伯夷列传》：

> 或曰："天道无亲，常与善人。"若伯夷、叔齐，可谓善人者非邪？积仁絜行如此而饿死！且七十子之徒，仲尼独荐颜渊为好学。然回也屡空，糟糠不厌，而卒蚤夭。天之报施善人，其何如哉？盗跖日杀不辜，肝人之肉，暴戾恣睢，聚党数千人横行天下，竟以寿终。是遵何德哉？此其尤大彰明较著者也。若至近世，操行不轨，专犯忌讳，而终身逸乐，富厚累世不绝。或择地而蹈之，时然后出言，行不由径，非公正不发愤，而遇祸灾者，不可胜数也。余甚惑焉，傥所谓天道，是邪非邪？

我们看到，在"事"、"文"、"义"这些常规的套路之外，司马迁脑子中还有很多"问题"存在。他试图对历史问题提出解释。在解释不了的时候，他也要把自己的疑惑写出来。在解释重于叙述的今天，这些特点理所当然地引起了我们的赞叹。但是，在仅仅关注"事"、"文"、"义"的时代，他的这些思考、这些议论却不可能受到太多的关注。刘知幾说："史之有论，盖欲事无重出，文省可知。"（《史通·论赞》）他虽然在讨论史论的问题，但着眼点还是在"事",并没有理解到"史之有论"的真正价值。

总之,因为我们与古人对史学的理解不同,所以对《史记》的评价也不同。但是,若追根寻源,我们其实也并不是最早给予《史记》以很高评价的,大约从宋代开始,人们对《史记》的评价就逐渐有了变化。吕祖谦称赞司马迁"高气绝识,包举广而兴寄深,后之为史者,殊未易窥其涯涘似也。"(《大事记解题》卷一二)郑樵评价《史记》说:"会通之义大矣哉!……使百代而下,史官不能易其法,学者不能舍其书。六经之后,惟有此作……自《春秋》之后,惟《史记》擅制作之规模,不幸班固非其人,遂失会通之旨,司马迁之门户自此衰矣。"(《通志》总序)马端临说:"《诗》、《书》、《春秋》之后,惟太史公号称良史,作为纪传书表。纪传以述理乱兴衰,八书以述典章经制。后之执笔操简牍者卒不易其体,然自班孟坚而后,断代为史,无会通因仍之道,读者病之。"(《文献通考》自序)章学诚说:"夫史迁绝学,《春秋》之后,一人而已。其范围千古,牢笼百家者,惟创例发凡,卓见绝识,有以追古作者之原,自具《春秋》家学耳。"(《文史通义·申郑》)赵翼说:"司马迁参酌古今,发凡起例,创为全史……自此例一定,历代作史者遂不能出其范围,信史家之极则也。"(《廿二史札记》卷一)

宋代史家有追求会通的风气,司马光的《资治通鉴》是通贯性的著作,郑樵的《通志》、马端临的《文献通考》也都是通贯性的著作。他们从会通的角度看《史记》,自然会给予司马迁以很高的评价。与之不同,清人评价从体例上着眼,也容易理解。到清代,纪传体已经走过了漫长的道路,饮水思源,认识到《史记》的开创之功是比较自然的事情。

就《史记》的命运而言,这篇短文本来可以结束了。但是

《史记》地位在宋以后的变化却也在提醒着我们，宋以后的史学是否在其他方面也发生了变化呢？这个问题比《史记》的命运更有趣味。

对宋代史学，前辈学者评价很高。陈寅恪先生曾经说："中国史学莫盛于宋。"（《金明馆丛稿二编》，《陈垣明季滇黔佛教考序》）但是，宋代史学究竟在哪些方面展现出了它超越前代的独特风采呢？陈寅恪先生并没有解释。

分析史学变化，不能不特别注意体裁问题，因为古代史学的变化往往表现为叙述体裁的变化。从《左传》到《史记》，体裁发生了变化，从《史记》到《通典》，体裁又发生了变化。就体裁而言，宋代无疑是一个关键时期。陈寅恪先生在《唐代政治史述论稿》自序中说："夫吾国旧史多属于政治史类，而《资治通鉴》一书，尤为空前杰作。"与《春秋》、《左传》、《汉纪》、《后汉纪》等此前的编年体史著相比，《通鉴》的成就的确是空前的。更为重要的是，《通鉴》还引发出了新的史书体裁，如朱熹的《通鉴纲目》、袁枢的《通鉴纪事本末》都是因《通鉴》而来。王树民先生说："在唐代以前，史书体裁只有纪传体和编年体二种，杜佑撰成《通典》后，增加了典制体，并衍生了会要体，北宋司马光撰成《通鉴》后，编年体盛行起来，从而产生了纲目体与纪事本末体，在史书编纂学中几种重要体裁，至此已告齐全。"（王树民《中国史学史纲要》）我觉得"重要体裁"的齐全是很值得分析的，它意味着以"叙述"为主的史学著作在体裁上已经很难再变出什么新的花样了，同时也预示着我们如果继续用"体裁变化"—"史学发展"这个模式来观察以后的史学变化，必定会感到十分茫然。

依我们的"后见之明"，在传统的"叙述"之外，宋代史学还存在着一些其他的可走之路。这些路可能起初并不很显眼，但在以后的岁月里会越走越宽广。我们知道，司马光写《通鉴》时，还写了三十卷的《通鉴考异》。在《考异》中，司马光对他所依据的各种史料仔细对比，详加考证，最终确定史料的取舍，并把取舍的理由写下来。很多学者都注意到宋代有考据的风气，除司马光《考异》外，如刘攽的《东汉刊误》，王应麟的《困学纪闻》、《汉书艺文志考证》、《通鉴地理考证》、《汉制考》等，也都是这方面的著作。此外，如洪迈、叶适也都有考据之作。梁启超在《中国近三百年学术史》中曾经说："《困学纪闻》为清代考证学先导。"其实，这"先导"当中也应包括宋代其他的考据著作。今人编写的各种古代史学史书籍在介绍《资治通鉴》时，《考异》总是会被提及的，但并非重点。从史学演变的角度看，《考异》的重要性可能并不在《通鉴》之下。如果说《通鉴》是旧有编年体史书的最高峰，是对过去的总结，那么《考异》则更多地是指向了未来。

宋代读史风气浓厚，有关读史方法的议论也很多。程颐说："凡读史，不徒要记事迹，须要识治乱安危兴废存亡之理。"（《程氏遗书》十八）朱熹说："读史当观大伦理、大机会、大治乱得失。"（《朱子语类》卷十一）吕祖谦说："读史先看统体，合一代纲纪风俗消长治乱观之，如秦之暴虐、汉之宽大，皆其统体也……统体，盖谓大纲，如一代统体在宽，虽有一、两君稍严，不害其为宽。一君统体在严，虽有一、两事稍宽，不害其为严。"（《东莱文集 别集》卷十四，《读书杂记三 读史纲目》）与前代相比，宋代学者的这些议论很新鲜。他们关注的是应该如何分析史书中所记载的历史，而不再是仅仅从文本的角度去评价史书的"其事"、"其文"。宋代学者的这些读史心得很多都被记录了下来，从而形成了单独的一类史学著作。在《四库提要》史评类著作中，唐代只有《史通》一部，而宋代则明显增多，如《唐鉴》、《唐史论断》、《通鉴问疑》、《三国杂事》、《涉史随笔》、《六朝通鉴博议》、《两汉笔记》以及《存目》中的胡寅《读史管见》等均属此类著作。此外，如三苏的史论也很著名，只是没有单独成书而已。史论，古已有之，《左传》"君子曰"、《史记》"太史公曰"，一直到《通鉴》的"臣光曰"都是史论。但这些史论都是附着在史书上面的，而宋代的变化则是出现了大量脱离了史书的独立的史论之作（前代也有独立的史论，如诸葛亮《论前汉事》，但数量很少）。这实际上与前述考异的情形一样。考据也是古已有之，在以往史家写史的时候，也必定会在史料的鉴别取舍上面下一番工夫，在注释家的注释中也或多或少总有一些考据的成分，但将这些考据成果独立成书，也是宋代才有的现象。考据、史论渐渐从史书内部分离出来，是一个极其重要的变化，它说明史学在"叙述"之外，又有新的领域出现了。这些领域到明清就逐渐成了史学当中最引人注目的部分。

除考据、史论之外，宋代还有一部书很值得分析，这就是袁枢的《通鉴纪事本末》。《宋史》袁枢本传称："枢常喜诵司马光《资治通鉴》，苦其浩博，乃区别其事而贯通之。"他是怎样"区别其事"的呢？我们举一个例子。《通鉴》卷九至卷六十八记载两汉历史，袁枢则将其分为《高祖灭楚》、《诸将之叛》、《匈奴和亲》、《诸吕之变》等四十三事。这些从历史过程中提炼出来的"事"，意义非同寻常，因为它在诱导着"问题"的出现。章学诚在《文史通义》中曾对《纪事本末》体大加赞赏。他说："按《本末》之为体也，因事命篇，不为常格。非深知古今大体，天下经纶，不能网罗隐括，无遗无滥。文省于纪传，事豁于编年，决断去取，体圆用神，斯真《尚书》之遗也。"（《文史通义·书教下》）余英时先生对章氏这段话有过分析。他在讨论章学诚与柯林武德的史学思想时说："柯灵乌颇赞同艾克顿的名言，以为科学的历史家当'研究问题而不是时代'。这一点也恰恰与章氏的观点若合符节。我们知道，章氏曾对袁枢的《纪事本末》体裁特致赞扬……袁氏之体裁正合乎西方近代史学的著作形式，也是近人之治西史者所特别欣赏之一点。'因事命篇，不为常格'正是'研究问题'这一观念的实际表现。"（《论戴震与章学诚》）从客观上看，纪事本末体确实具有这样的特点。历史上哪些事件是具有决定意义的？事件与事件之间的内在逻辑关系又是什么？当史家试图把"历史"组织为"事件"时，这些问题便不能不考虑。可见，在史家选择"事件"的时候，"问题"已经是呼之欲出了。

其实，即使不谈纪事本末体，前面所引的宋代学者的几段话也能反映出史学的发展趋势。不论程颐、朱熹，还是吕祖谦，他们谈论的都是"读史"应该如何如何。"读史"，已经不属于"撰写"；"读史"强调的是读史者应该如何理解历史。质言之，"读史"者已经展现出了一个"研究"者的姿态。在他心中，已经有了强烈的"问题意识"。我们看苏轼的一段议论。他在讨论"历代世变"时说："秦以暴虐，焚诗书而亡。汉兴，鉴其弊必尚宽德，崇经术之士，故儒者多。虽未知圣人，然学宗经师、有识义理者众，故王莽之乱，多守节之士。世族继起，不得不废经术，褒尚名节之士，故东汉之士多名节。知名节而不能不节之以礼，遂至于苦节。苦节之士，有视死如归者。苦节既极，故晋、魏之士，变而为旷荡，尚浮虚而亡礼法，礼法既亡，与夷狄同，故五胡乱华。"（《苏轼集》）这段议论有的地方有道理，有的地方则有些荒唐。但不论怎样，苏轼的意图还是能看得很清楚的。他的意图就是希望能够寻找到秦汉魏晋历史变化的逻辑。我们再看马端临的一段话。他在《文献通考》自序中说："至司马温公作《通鉴》，取千三百余年之事迹，十七史之纪述萃为一书，然后学者开卷之余，古今咸在。然公之书详于理乱兴衰，而略于典章经制……窃尝以为理乱兴衰，不相因者也。晋之得国异乎汉，隋之丧邦殊乎唐，代各有史，自足以该一代之始终，无以参稽互察为也。典章经制实相因者也。殷因夏，周因殷，继周者之损益，百世可知，圣人盖已预言之矣。"这段议论很见水平。他把政治史与制度史做了明确区分，认为"理乱兴衰"的政治是"不相因"的，而"典章经制"则是"相因"的。能够考虑到政治与制度的不同，并进而指出其各自特征是"不相因"与"相因"，这样的思想实在是有相当深度了。它使以往仅仅关注"事"、"文"、"义"的旧史学黯然失色。

我们接着讨论体裁的问题。如上所述，宋代以后，已经很难有新体裁出现了，这个变化在今人的史学史研究著作中也有反映。钱穆先生在《中国史学名著》中讲完《文献通考》后，接着讲《明儒学案》。他开头的说明很有意思。他说："此下我们讲明代，我想特别只举出一部书，即是黄梨洲（宗羲）的《明儒学案》。实际，《明儒学案》已不是明代的书，这书在清代才完成。这样讲来，我就在明代想不出举哪一部书来作史学名著讲。"钱穆讲中国史学名著，偏重的是史学著作的新体裁。我们知道，就传统体裁而言，明代当然也还有很多史学著作写成，如《元史》、《明实录》、《国榷》等，但若从新体裁的角度看，钱穆却难以找到一部值得讲的书，不得已只好讲清代才完成的《明儒学案》。再往后，钱穆又讲了章学诚的《文史通义》。《文史通义》是一部史学理论著作，已经不属于叙述历史的著作了。不仅钱穆如此，一般史学史著作在写到这一时期也会发生某种改变，介绍的重点除了黄宗羲的《明儒学案》外，往往就是王夫之的《读通鉴论》、顾炎武的《日知录》、章学诚的《文史通义》、钱大昕的《廿二史考异》、王鸣盛的《十七史商榷》、赵翼的《廿二史札记》，等等。这些书都不是叙述历史的著作。它们接续了宋代传统，要么是考史，要么是论史，要么是二者兼而有之。史学史研究者的不自觉选择无异于告诉我们，那些继续撰写着的以"叙述"为主的传统史学著作已经不能代表这个时期史学的最高成就了，而考史、论史则渐渐成为史学的重点。赵翼《廿二史札记》中，如"汉初布衣将相之局"、"东汉功臣多近儒"、"南朝多以寒人掌机要"、"周隋唐皆出自武川"等许多条目，都反映出他的问题意识已经十分强烈。李慈铭评论说："其书以议论为主……盖不以考核见长。"（王树民《廿二史札记校证》附录）直到现在，很多研究者仍然可以从赵翼的"问题"中获得启发。

总而言之，宋代以后，虽然传统的"叙述"历史的著作依旧浩浩荡荡，但是在"重要体裁"基本齐全的形势下，这个方面已经难有大进展了。史学若求新变，必须另觅新途。正是从这个时候开始，以考史、论史见长的史家变得日益醒目了。如果这些认识无大错，则我们可以得一结论：在"叙述"历史与"解释"历史之间，存在着一个很长的过渡阶段。这个阶段的特征就是考史、论史。

宋代以后的史学演变非常复杂，远非这篇小文所能容纳，上述想法充其量只是一个大胆的"猜想"而已。以过分简化的方式来处理复杂的问题是十分危险的，我之所以明知故犯，或许只是因为内心深处存在着一种"猜想的冲动"。

六朝地志

从东汉开始，出现了一些私人撰写的州郡地志。魏晋南北朝时期，此种地志数量激增，给人留下深刻印象。从时间、内容上看，这些地志可以划分为前后二期。东汉魏晋时期地志关注的对象主要是"异物"，而晋宋以后，地志关注的对象则主要是山水风光。隋唐以后，地理思想日益偏重于实用。从这样的立场出发，一些唐代学者对不关心国计民生的魏晋南北朝时期私人撰写的州郡地志给予了激烈的批评。

一 异物志

据《隋书·经籍志》等书记载，东汉魏晋时期，由私人撰写的州郡地志常以"异物志"命名。如东汉有议郎杨孚所撰《交州异物志》，吴时有丹阳太守万震所撰《南州异物志》。此外，还有朱应的《扶南异物志》、沈莹的《临海水土异物志》、薛莹的《荆扬已南异物志》、谯周的《异物志》等。关于这些异物志所记载的内容，我们不妨举几个例子来看。杨孚《异物志》："（鸬）能没于深水，取鱼而食之，不生卵而孕雏于池泽间。既胎而又吐生，多者生八九，少生五六，相连而出，若丝绪焉。水鸟而巢高树之上。"（《后汉书·马融传》李贤注）谯周《异物志》："涪陵多大龟。其甲可以卜，其缘中又似玳瑁。俗名曰灵又。"（《文选·蜀都赋》李善注）薛莹《荆扬已南异物志》："余甘，如梅李，核有刺。初食之味苦，后口中更甘。高凉、建安皆有之。荔枝树生山中，叶绿色，实赤，肉正白。味大甘美。槟榔树高六七丈，正直无枝，叶从心生，大如楯。其实作房，从心中出。一房数百实，实如鸡子，皆有壳，肉满壳中。正白，味苦涩。得扶留藤与古贲灰合食之，则柔滑而美。交趾、日南、九真皆有之。"（《文选·吴都赋》李善注）

异物志所载多为各地稀有的动植物。其实，这一时期未标明"异物"的州郡地志如晋裴渊《广州记》、晋徐衷《南方草物状》、晋刘欣期《交州记》、宋盛弘之《荆州记》等也大都是如此。因为地志内容如此，所以左思《三都赋序》说："余既思摹二京而赋三都。其山川城邑，则稽之地图；其鸟兽草木，则验之方志。"

这些异物志的渊源在哪里呢？我们知道，在上述私人撰写的地志出现以前，汉代地方政府曾编制图经、地志。《华阳国志·巴志》："（桓帝）永兴二年三月甲午，望上疏曰：'谨按《巴郡图经》境界：南北四千，东西五千，周万余里。属县十四，盐、铁五官各有丞、史。户四十六万四千七百八十，口百八十万五千五百三十五。远县去郡千二百至千五百里，乡亭去县或三、四百，或及千里。'"图经中"图"是地图，"经"是关于图的文字说明。上面这段文字是经的部分。图经之外，汉代还有所谓"郡国地志"。《隋志》地理类小序称："武帝时，计书既上太史，郡国地志，固亦在焉。"按此，则上记文书中也有地理方面的内容。

关于汉代的官修地志，我们能够了解到的情况虽然不多，但有一点是可以肯定的，即官修地志记载的重点是那些关乎国计民生的内容，与前述私人撰写的异物志明显有别。今天能够看到的异物志固然都是些零碎的片断，但得出这样的结论仍然是有理由的，因为不可能保存下来的佚文恰好都是与官修地志不同的，而把相同的部分丢掉了。

异物志的渊源不在官修地志，但它也不是凭空而来的。从渊源上看，异物志与早于汉代图经地志的《山海经》及模仿《山海经》的《神异经》、《十洲记》等存在着继承关系。《山海经》第一《南山经》："……又东三百里柢山，多水，无草木，有鱼焉，其状如牛。陵居，蛇尾有翼。其羽在鱼去下。其音如留牛，其名曰，冬死而夏生，食之无肿疾。"《神异经》："北方有冰，厚百丈，有鼷鼠在冰下土中，毛长八尺，可以为褥，却风寒也。"（《北堂书钞》卷一三四褥）《神异经》："南方荒中有沛竹，其长百丈，围二丈五六尺，厚八九寸，可以为船也。"（《初学记》卷二八竹）《十洲记》："扶桑在碧海中，树长数千丈，一千余围，两干同根，更相依倚，是以名扶桑……祖州在东海中，地方五百里，上有不死草，生琼田中。草似菰，苗长三尺许。人已死者，以草覆之，皆活。"（《初学记》卷六海）

从《山海经》、《神异经》、《十洲记》，到汉晋时期的异物志，均关注于异物，线索是比较清晰的。如果说有变化，那么也只是山川道里等地理因素越来越少，而异物越来越占中心地位。

将《山海经》等视为汉晋地志的源头也符合当时人的认识。《隋志》史部地理类即首列《山海经》。这一分类不是《隋志》的发明，而是来自于更早的南朝时期。《隋志》地理类云："《地理书》一百四十九卷。"注:"录一卷。陆澄合《山海经》以来一百六十家,以为此书。"可见,至少从陆澄开始,已经把当时的地志与《山海经》视为同类。

《四库提要》作者否认《山海经》、《神异经》、《十洲记》等书的地理性质,而将其归入小说家类。就小说源头在神话故事而言,《提要》所说有其道理,《山海经》中的确有不少神话故事。今人研究中国小说史也往往要涉及《山海经》。但要注意的是,当时人并没有今天这样的小说观念,他们还是把《山海经》等书看作地理著作。南朝陆澄、唐初《隋志》作者的处理是得当的。如果把《山海经》、《神异经》、《十洲记》等统统排斥于地理类之外,那么上述众多异物志就成了无源之水,无本之木。

《山海经》作于战国时代,隔了许久忽然受到重视,模仿之作屡见不鲜,异物志承此而起。这是什么原因造成的呢?我推测,这可能与汉晋时期人们求异的风气有关。范晔在《后汉书·方术传》序中谈及谶纬问题。他说当时的风气是"尚奇文,贵异数。"这种风气一旦形成,关注于异物的《山海经》一类作品自然会被重视。东汉也有人力图扭转这股求异的风气。王充就其撰写《论衡》的目的说:"《诗》三百,一言以蔽之,曰:'思无邪。'《论衡》篇以十数,亦一言也,曰:'疾虚妄'。"(《论衡·佚文篇》)但是,后来的事实表明王充的努力并没有奏效。《后汉书·王充传》李贤注引袁山松书:"充所作《论衡》,中土未有传者,蔡邕入吴始得之,恒秘玩以为谈助。其后王朗为会稽太守,又得其书,及还许下,时人称其才进。或曰,不见异人,当得异书。问之,果以《论衡》之益,由是遂见传焉。"这是一个饶有趣味的故事。我们知道,《论衡》本以批判种种虚妄、怪异之说为宗旨,但该书反而被"时人"视为"异书"。这说明在当时"异"已经普遍化，因而具有了非异的品格，而抨击"异"的学说反倒因其罕见而给时人留下了"异"的印象。

刘知幾在《史通·书志》篇中说："古之国史，闻异则书。"受他影响，也有学者从史学传统的角度研究"异"，认为志怪小说从渊源上看是来自于史书。这种意见恐怕不一定可靠。因为所谓"古之国史"，并不像异物志、志怪小说那样以异闻、异物为记述的主体，而且更重要的是，汉代史家如司马迁、班固等人对怪异之事是明显有距离感的。司马迁说："言九州山川，《尚书》近之矣。至《禹本纪》、《山海经》所有怪物，余不敢言之也。"（《史记·大宛列传》）班固对此也不热衷。史家真正对怪异之人、怪异之事有浓厚兴趣并信以为真是在东汉以后，如东晋的史学家干宝就是如此。他的《搜神记》专记"古今神祇灵异人物变化。"时人刘惔称其为"鬼之董狐"。（《晋书·干宝传》）

从司马迁到干宝，恐怕不是史学引发了志怪的风气，倒是求异、志怪风气盛行后影响了史学。《隋志》将志怪小说列之于史部可能就是受此风气影响。

在此需要指出，我用东汉以来普遍求异的社会风气来解释异物志的出现只能是一种初步的尝试。因为在这里我们遇到了一个难以解释的现象，即求异的风气是普遍的，而异物志却并非各处都有。王庸曾说："（异物）大抵以南方事物为多，所以为北方人士广见闻者。"他又说："（异物志）大抵皆记长江流域以南之异物者，所记多草木禽兽，以及矿物之属之异于中原者，而间附以故事神话，是殆当时北方士民南移之一种反映也。"（王庸：《中国地理学史》第三章第一节，商务印书馆，1956，第 133、141 页）他发现异物志主要出在南方，这是对的。但他的解释可能有些问题，因为异物志最早出自东汉时期，地域是荆扬以南的交、广等地，当时这些地区并没有大量北方士民南移的情况发生。或许可以这样解释：在四通八达的地区难以找到一般人没有见过的异物，所以欲求异物，只能把目光集中到人迹罕至而又物种丰富的南方偏远地区。这些地区不要说对于北方士民，就是对于荆扬地区的南方士民来说，也是陌生的。当然，这只能是一种推测性的意见，这个问题还有待进一步深入研究。

二　山水地志

晋宋以后，地志中于异物外，又明显增添了新的内容，这就是关于山水本身的介绍。不仅如袁山松《宜都山川记》等以山水命名的地志是如此，而且就连许多以州郡命名的地志也是如此。刘纬毅《汉唐方志辑佚》辑宋刘损《京口记》佚文共 17 条，其中介绍境内诸山的有 7 条，介绍湖泊的有 1 条；宋山谦之《南徐州记》共 34 条，"山" 15 条，"湖" 7 条，"江" 1 条。宋董览《吴地记》共 9 条，"山" 5 条；宋孔灵符《会稽记》共 43 条，"山" 34 条；齐黄闵《沅川记》只有 2 条，其中 1 山 1 水；梁萧子开《建安记》23 条，"山" 15 条。在这些地志中，异物的中心地位已为山水所取代。这种情形在今天可以看到的南朝地志佚文中是很普遍的。由于异物不再是关注的焦点，所以地志涉及的区域也不再只是交、广等偏远地区，而是遍布长江沿线。

地志关注山水，其原因是多方面的。其中既有宗教、经济上的原因，同时也与魏晋以来士人群体中形成的寄情山水的风气有关。翻阅南朝史籍，士人好山水的记载比比皆是。对山水的浓厚兴趣是引发士人撰写地志的一个最主要的原因。如酷爱山水的谢灵运就曾撰写过《居名山志》和《游名山志》。士人游玩之余，常常就所见所闻用文字记述下来，写成诗，就成了山水诗，写成文，就成了地志。地志既然由此而来，所以它往往更接近于文学作品而不是地理书。东晋袁山松《宜都山川记》："自西陵溯江西北行三十里，入峡口，其山行周回隐映，如绝复通。高山重嶂，非日中夜半，不见日月也。""自黄牛滩东入西陵界，至峡口一百许里，山水纡曲，而两岸高山重障，非日中夜半，不见日月。绝壁或千许丈，其石彩色形容，多所像类。林木高茂，略尽冬春。猿鸣至清，山谷传响，泠泠不绝。所谓三峡，此其一也。"宋郑缉之《永嘉记》："大溪南岸有四山，名为城门。壁立，水流从门中出，高百余丈，飞流如瀑布，日映风动，则洒散生云虹，水激铿响，清泠若丝竹。"梁萧子开《建安记》："武夷山，高五百仞，岩石悉红紫二色，望之若朝霞。有石壁，峭拔数百仞于烟岚之中。"

梁代刘勰《文心雕龙·明诗》说："宋初文咏，体有因革，庄老告退，而山水方滋；俪采百字之偶，争价一句之奇，情必极貌以写物，辞必穷力而追新，此近世之所竞也。"研究文学史的学者都因此注意到了晋宋以后山水诗的兴起，其实，大致同时出现的众多充满了文学描写的山水地志也是这一文学潮流下的产物。研究山水文学的演变不应忽视这一部分内容。

从汉晋详载异物的地志转变为晋宋以后描写山水风光的地志，这是一个通常被忽略而又确实存在的变化。它表明人们对山水中异物的关注已经转变为对山水本身的关注。

三 唐人对地志的批评意见

以上所讨论的私人撰写的地志多出自南方地区。北方地区虽然出现了像《水经注》这样不朽的地理学名著，但总体而言，记载一方异物、山水的州郡地志数量远远不能与南方比。这当与北方的地理环境、文化传统有密切关系。隋唐王朝的统治者多来自于原北方地区，在很多方面都继承了他们所熟悉的北朝文化传统，因此隋唐时期类似上述州郡地志的地理著作也很少见。

对南方地区的州郡地志，唐代学者多持批评意见。颜师古《汉书·地理志》注："中古以来说地理者多矣，或解释经典，或撰述方志，竞为新异，妄有穿凿，安处附会，颇失其真，后之学者，因而祖述，曾不考其谬论，莫能寻其根本。今并不录，盖无尤焉。"此外，刘知幾《史通》、杜佑《通典》、李吉甫《元和郡县图志》等书都对上述私人撰写的州郡地志有激烈的批评，或指责其"谈过其实"、"诞而不经"、"多传疑而失实"，或批评其没有实用价值。杜佑认为地理的重要在于"辨区域，徵因革，知要害，察风土。"李吉甫关注的地理重点是"丘壤山川，攻守利害"，意义在于"佐明王扼天下之吭，制群生之命"。恰好这些内容南方地志"皆略而不书"。由此我们看到，唐人的地理思想就是强调实用性，强调地志要记载关涉国计民生的有用内容。

受这种重实用的思想影响，北方地区的两部地理学名著，即阚骃的《十三州志》和郦道元的《水经注》在唐代得到了不同的评价。阚骃书颇受好评，而郦道元的《水经注》在北朝及唐代并不受重视。检索《十三州志》佚文，其所记内容比南方地志更具地理色彩，更具实用价值，比较接近于《汉书·地理志》的写法，看不出受南方地志的影响。而《水经注》就不同了，其中大量徵引南方地志，如郭仲产《襄阳记》、裴渊《广州记》、罗含《湘中记》、王歆《始兴记》、庾仲雍《山水记》等不下数十种。《水经注·江水注》描述三峡风景道："自三峡七百里中，两岸连山，略无阙处……"此段文字为人熟知，向来以为是出自郦氏之笔，其实并非如此。熊会贞发现，"自三峡七百里中以下，盛弘之《荆州记》文，引见《御览》五十三。"（杨守敬、熊会贞《水经注疏》卷三四熊会贞按语，江苏古籍出版社，1989，第2834页。）杨守敬曾注意到唐人不重视《水经注》，但他未能解释其原因。我怀疑唐人对《水经注》的态度就是因为它过于接近南方地志了。唐人不喜欢这些南方地志，所以唐代地理著作中也较少引用，我们今天能看到的地志佚文更多的是出自于宋人地理书如《太平寰宇记》等书的摘引。

从实用的角度看，唐人的批评是有道理的。详载异物、描述山水的地志的确与国计民生没有多少关系，地志中应该有的诸如政区沿革、疆域四至、人口数量等项重要内容往往缺乏。就地理而言，参考价值确实不大。

总之，东汉魏晋以后私人撰写的州郡地志数量虽多，看似繁荣，却不意味着地理学本身有了大的进展。

关于南朝化问题

最早提出南朝化的是陈寅恪先生。他在《隋唐制度渊源略论稿》七《财政》篇中说："此章主旨唯在阐述继南北朝正统之唐代，其中央财政制度之渐次江南地方化，易言之，即南朝化。"他的意见是，隋唐的财政制度本来是属于北朝系统的，到后来，唐朝放弃了这一系统，转而采用了当年南朝曾经采用过的旧制度。

唐长孺先生在 1993 年出版的《魏晋南北朝隋唐史三论》一书中，对上述观点做了进一步的发挥。他说："唐代经济、政治、军事以及文化诸方面都发生了显著的变化，它标志着中国封建社会由前期向后期的转变。但这些变化，或者说这些变化中的最重要部分，乃是对东晋南朝的继承，我们姑且称之为'南朝化'。"唐长孺主要论据有以下几项：1. 唐代均田制承自北朝，但后来破坏了。中唐德宗时始实行两税法，庄田制大为发展，这个变化与南朝衔接（他曾著有《三至六世纪江南大土地所有制的发展》）。2. 唐府兵制承于北朝的部落兵制和征兵制，后来也趋于瓦解，高宗、玄宗以募兵制代替征兵制，这是对南朝兵制的继承。（南朝兵制发展的趋向是由世袭兵转向募兵）3. 两税法中的计亩征税和田亩列于户资，原是南朝成法，而北朝的均田制禁止土地买卖，自然没有计亩征税之法。4. 折纳，即田租折以布帛钱币，罕见于商品经济不发达的北朝，却见于南朝。5. 力役，唐代和雇之法，此前仅见于南朝。6. 科举制以文学取士，这一点上承于南朝风气。7. 唐代经学、文学、书法，均承于南朝。

唐长孺先生的学生牟发松又发挥了老师的观点。他认为南朝化实际最早可以追溯到北魏孝文帝改革时期。因为孝文帝在推行汉化改革时大量采用了东晋南朝的文物制度。这实际上是来自于陈寅恪的观点。陈氏在《隋唐制度渊源略论稿》中认为隋唐礼乐制度主要是在北朝到隋唐这一阶段从南方、河西、关陇三个地方来的。其中关陇属鲜卑野俗与当地汉文化的混合品，对于隋唐影响甚微。河西文化是指永嘉之乱后中州士人避地河西而带过去的汉晋旧有文化，对隋唐来说也不是最重要的，最重要的还是来自于东晋南朝的文化。也就是说，东汉以来的文化传统主要经由东晋南朝再传至北朝隋唐。这样，继承了汉魏传统的南方文化就构成了历史发展的主流。不过，陈氏在这里没有用南朝化这样的说法。

为什么起自于北方的隋唐政权要继承南方的传统？陈寅恪在财政问题上的解释是："夫唐代之国家财政制度本为北朝系统，而北朝之社会经济较南朝为落后，至唐代社会经济之发展渐趋超越北朝旧日之限度，而达到南朝当时之历程时，则其国家财政制度亦不能不随之以演进。唐代之新财政制度，初视之似为当时政府一二人所特创，实则本为南朝之旧制。盖南朝虽为北朝所并灭，其遗制当仍保存于地方之一隅，迨经过长久之期间，唐代所统治之北朝旧区域，其经济发展既与南朝相等，则承继北朝系统之中央政府遂取用此旧日南朝旧制之保存于江南地方者而施行之，前所谓唐代制度之江南地方化者，即指此言也。"

唐长孺先生的解释是，十六国北朝时期，由于建立政权者是少数民族，所以带来了重大的社会特殊性。但它必将随着这些特殊历史条件的消失而消失。唐代的变化，正是随着这些特殊历史条件的消失而产生的。也就是说，南朝化的过程就是北朝特殊性的消失过程。比如说北朝的均田制，源自于鲜卑族，体现了农村公社的精神，培育了大批的自耕农。这是违反了汉晋南朝以来地主大土地所有制发展趋势的。发展趋势不应该是自耕农越来越多，而应是佃客越来越多。这一点，他在几十年前写的《三至六世纪江南大土地所有制的发展》一书中有详细的研究。关于北朝历史的不正常，牟发松的态度更鲜明，他认为北朝只是一个偶然的历史曲折而已，北朝得以统一仅因军力强大，最终要回归于南朝所代表的历史进程。（牟发松：《略论唐代的南朝化倾向》，《中国史研究》1996 年第 2 期）

对陈寅恪以来强调南方重要性的观点也有不同意见。钱穆说："近人陈君寅恪著《隋唐制度渊源略论稿》，详举唐代开国，其礼乐舆服仪注，大体承袭南朝。然礼乐制度，秦汉以下，早有分别。史书中如职官田赋、兵制等属制度，封禅郊祀舆服等属礼乐。宋欧阳修《新唐书·礼乐志》，辨此甚明。隋唐制度，自是沿袭北朝。陈君混而不分，仅述南朝礼乐，忽于北方制度，此亦不可不辨。"这对于陈寅恪的观点有一定的冲击，但对唐长孺先生的观点没有什么意义，因为唐长孺也认为唐代前期的许多制度都是沿袭北朝，只是中期以后才出现了南朝化。

强调北朝重要性的还有田余庆先生。他在《东晋门阀政治》（1989 年）结尾处说："从宏观来看东晋南朝和十六国北朝全部历史运动的总体，其主流毕竟在北而不在南。"这样的说法给人一种印象，似乎历史发展的主要线索是在北方而不在南方。"他的学生、北大历史系的阎步克先生去年来所里作报告，讲北朝历史地位，发挥了这个观点。他的基本思想是北朝为历史的发展找到了一个出口。他引用了钱穆的说法："南北朝本是一个病的时代，此所谓病，乃指文化病。若论文化病，北朝受病转较南朝为浅，因此新生的希望亦在北朝，不在南朝。"阎步克认为："以玄学清谈为特色的生活方式及相关文化现象，构成了钱穆所说的'文化病'的根源。"此外，南朝还有其他的问题，最重要的是门阀政治限制了皇权政治。而北方地区自十六国始，皇权衰落的问题就得到了扭转。氏族平等精神造成了门阀观念的相对淡薄。十六国、北朝诸政权还特别致力于官僚政治建设，重视法制和文教。比如法制，他引用程树德《九朝律考》的观点，以为魏律、齐律明显超越了南朝法典。此外，他还发现南朝官制也有来源于北朝官制者（这与陈寅恪的观点恰好相反），如梁武帝十八班制和流外七班制是从魏孝文帝那里学来的。隋唐官品所用九品正从上下及流外之制，也是承于北朝的。又如文散阶及勋官之制，隋唐直承北周。就学术文化论，他引用了文学史研究者的观点，以为北朝后期至隋朝，北方文学水平也渐渐超过了南方。总之，北朝社会比南朝社会健康，南朝解决不了的问题，北朝解决了，因此构成历史的出口，南朝是死胡同。

应该说，自钱穆以来重视北朝历史的认识有相当的合理性。但是这对南朝化的观点并不构成威胁。因为唐先生所说的只是历史发展的线索，是各个历史阶段相互衔接的逻辑关系。这之中没有价值判断的含义，他从来也没有说北朝历史不重要。

两种观点都有道理。看似矛盾，实则不然。我觉得，彼此的不同只是因为观察的角度不同。唐长孺是从较长的时段来观察问题的。而强调北朝重要性的学者如田余庆、阎步克是从较短的时段来考察问题的。就长时段来看，唐先生所发现的那些事实是很难反驳的。从短时段看，北朝也确实重要，毕竟民族融合是在北方完成的；毕竟是北方兼并了南方，从而结束了长期的分裂局面；毕竟隋唐王朝都是在北朝的基础上建立的。实际上陈寅恪对这两个方面都有注意。当他从较长的时段考察制度文化的传承时，他注意到了南朝的重要性，而当他从较短的政治史过程考察问题时，又提出了关陇本位政策、关陇集团的说法。这说明他清楚地意识到，就当时的政治发展而言，是北朝比南朝重要。或许在很多问题上都有这样的特点，即长时段所呈现出的特征与短时段所呈现出的特征往往恰好相反。

我对这个问题没有研究，但我比较倾向于南朝化的观点。的确在很多方面我们都可以看到隋唐社会对东晋南朝历史的继承。近来研究魏晋南北朝史学史，也感到这一时期史学的成绩、史学的进步基本上都是在魏晋南朝这条路上取得的，北朝几乎没有什么创获。唐初《隋书·经籍志》的修撰者是来自原来北朝地区的史臣（据谢保成先生的研究，撰写者就是魏徵），尽管作者对魏晋南朝的史学基本持否定态度，但在叙述史学发展进程时，也还是不得不以魏晋南朝为叙述的主要线索。可以说，没有这条道路上取得的成就，就不可能有刘知幾的《史通》问世。

当然，我也不完全同意唐长孺先生的意见。首先，"南朝化"这一概念是有问题的。这样提问题虽然醒目，但也很危险。因为这容易有绝对化的嫌疑。事实上，找到一些隋唐社会继承北朝的东西也是不困难的。分裂时期各地总有特色，各有长处。统一后，各地的长处往往逐渐地都要被继承下来。因此只强调继承一个地区总是要出漏洞的。比如西汉的历史，汉承秦制是就制度而言的，若就意识形态而言，汉初的黄老思想、以后的独尊儒术都是来自于齐鲁地区，就文学而言，汉赋是从楚辞那里来的。我们总不好说汉代齐国化了，也不好说汉代楚国化了。

此外，我不认为北朝历史呈现出的特征都是少数族入主中原所致。北朝的许多特征与少数族可能并没有关系。比如均田制，不一定来自于鲜卑人的前封建时期的公社制度。均田制中有土地还受一项，这似乎有些像公社制度，因为农村公社也有土地还受问题，但实则不然。马克思、恩格斯在《答查苏里奇的信》、《马尔克》两文中对公社制有过说明，土地的还受主要目的是为了平均劳动机会，因为个人所使用的土地肥沃程度不同、地理位置不同，所以过一段时期就要重新调整土地。均田制下土地是到劳动者丧失劳动能力后才收回，再将其授给有劳动能力的人，可以看出，这样做是起不到平均劳动机会的作用的，国家实行还受的目的也不在于此，而是为了长久地控制一批土地，以培植自耕农。此外，北魏早于均田制的计口授田制中也并没有还受制。均田制实行时，正是北魏封建化迅速发展的阶段，如果说这时土地制度确向前封建制转变，那将是难于解释的。实际上，西汉董仲舒就提出了"限民名田"的主张，以后师丹限田、王莽改制到西晋占田课田制，一直存在着要均田的意见。把均田制放在这样一个发展线索中来看可能更自然些。当然，均田制以前，这些建议都没有真正实现。均田要实现，需要两个条件，第一是强大的中央集权国家的存在，第二是大量无主荒地的存在。汉晋时期，这两条往往并不同时具备，因而无法实施，而北魏时期，这两条都具备了，因而可以实施。不仅均田制如此，皇权强大的问题恐怕也不能归结为少数族。阎步克所说的自十六国始，皇权衰落的局面得到了扭转，也是在强调少数族的作用。我看不一定，因为十六国政权并不都是少数族建立的，如北燕、前凉、西凉都是汉族人建立的王朝，皇权也很强大。皇权是否强大，主要取决于士族的强弱。士族强则皇权就弱，士族弱则皇权强。北方地区的士族没有中原士族当年那样大的力量，所以不管君主是来自于汉族还是少数族，他们都只能在皇权下存在。

关于南北差异，在颜之推的《颜氏家训》中有大量记载，至少有几十条，他亲历南北，对这个问题是很敏感的。其中只有一条说到北方风俗时，怀疑是从鲜卑人那里来的。也就是说，他并没有把北方的特征归结为鲜卑人影响所致。

我注意到，北朝的许多东西其实都是继承汉代而来的。均田制造就了大量的自耕农，自耕农又有服兵役的义务，这与汉代是一样的。从风俗方面来看，南北朝时南方宗族内聚力较弱，而"北土重同姓"，这个特点早在东汉河北人崔寔的《四民月令》中就可以看出，《月令》中很强调宗族内部的互相扶助。从学术上看，北朝继承汉代的特点就更明显了。就经学而言，北方经学的特点与东汉几乎没有区别。关于这一点，唐长孺《三论》中有详细的介绍。就史学而言，也是如此。魏晋南朝以来，史学有很多特点，我理解其中最重要的是允许私人修史，其他的特点都是由此派生出来的。而北方地区却不提倡、甚至禁止私人修史，围绕修史屡屡发生政治风波，史家常常因修史而遭大祸。最著名的是崔浩的例子，这与东汉的情形也是相似的。北朝史学继承汉代传统的现象并不是偶然发生的，而是存在于史家的自觉意识中。《隋书·经籍志》作者在批评魏晋南朝史学的同时，总是在强调自己对于《汉书》的继承。比如目录学上的四分法，即经史子集，实际上早在晋代就完成了，《经籍志》作者在序中也有明确的介绍，但史部末尾却说："班固以《史记》附《春秋》，今开其事类，凡十三种，别为史部。"声明他是直接继承班固事业而来。子部末尾说："《汉书》有《诸子》、《兵书》、《方伎》之略，今合而叙之，为十四种，谓之子部。"集部："班固有《诗赋略》，凡五种，今引而申之，合为三种，谓之集部。"《汉书》有《艺文志》，而魏晋南朝的史书通常缺此志，而《隋书》有《经籍志》；《汉书·地理志》中有风俗的介绍，魏晋南朝的《地理志》只有州郡沿革，而《隋书·地理志》中也有风俗的介绍；此外，成于北方史家的《魏书》、《隋书》、《晋书》中都有《食货志》、《刑法志》，南方史书通常没有这两个志，这也是《汉志》本来就有的。这些方面都可以看出北方史家对东汉传统的继承。总之，种种迹象表明，与南朝相比较而显现出的北朝诸多特征都是继承汉朝而来的，并不能将其简单地一概归结为少数族的影响。

北方地区的学术何以能保持汉代传统？我认为这实际是由东汉以来的地域特征造成的。从东汉中叶以来，中原地区在政治上、经济上、文化上都居于中心地位，四周地区相对落后。比如经学，当中原地区已经盛行古文经学时，四周却还是今文经学的天下；当古文经学在汉魏之际终于向四周扩散开来后，中原地区又进入了玄学的时代。四周总是慢一步。如果天下太平，假以时日，玄学也会转播开来的。但是，恰好此时发生了永嘉之乱。中原新学风还未来得及向北方传播，就不得不迁到了江南。在北方战乱不断的情况下，自身很难发展，至多是维持旧有文化。这样，北方的慢一步就变成了慢一个时代。总之，北方的特点在很大程度上是因为上承汉代，而不能全部归结为少数族的影响。其实均田制也是北方汉人提出的，而非鲜卑人。我要特别强调的是，少数族虽然在政治上、军事上很强大，汉族士人必须服从其统治，但是在汉化的问题上，少数族又必然要跟着汉族士人走，因为毕竟是他们掌握着汉文化的知识、传统。北方汉化过程中所呈现出的许多特征在相当大的程度上体现的是北方汉人的意志。

唐长孺先生没有意识到这个问题，而是过多地强调了北朝鲜卑人的作用，这可能与他所持有的魏晋封建论有关。在他看来，汉代与魏晋以后的历史既然发生了根本的变化，因而就很容易忽略了北朝历史与汉朝历史的相似性、连续性。此外，过分地夸大鲜卑人的影响也与陈寅恪有关，他说北朝的汉文化主要是从南朝河西地区逃避战乱的汉族士人那里传来的。这实际上是因为他在心中已经有一个预先的设定，那就是中原、河北等地在胡族进入后已经没有什么汉文化了。实际上北方、尤其是河北士人离开的并不多，唐先生发现北方的学术文化中心在河北，河北学者所代表的北方最高水平还是本地的产物。看起来，很有必要不带成见地研究一下汉晋十六国北朝以来北方地区的地域文化特征，看看究竟有哪些是本地原本就有的，哪些是少数族带来的。

总而言之，我认为尽管在许多方面魏晋南朝体现了历史的走向，但北方的历史也并不是一个偶然的意外，北朝的特点不完全是由少数族带来的。

对南朝化的讨论有积极意义，因为思考这样的问题必须从较长的时段着眼，必须从综合的角度加以考虑，而这一点正是现在最缺乏的。

　　【附识】本文大约是十年前在社科院历史所学术动态研讨会上的发言稿。在此之前不久，北京大学阎步克教授曾就相关问题来所讲演。本文开头关于南朝化问题的简要介绍参考了他的讲演稿。

读《方言》，说历史

西汉扬雄所编《方言》是一本很有趣的书，十几年前曾认真读过几遍。可惜自己不懂语言学，所以一直不敢乱说，只是在一篇讨论汉代政治文化中心转移的文章中略略涉及。我当时写道："根据《方言》的介绍，可以得出以下的结论。第一，各地方言从战国到西汉没有发生大的变化。这是因为，该书大量使用了诸如秦、楚、赵、魏、周、韩、郑等战国国名来标明区域界限，方言区有着明显的战国痕迹。扬雄编撰此书时，除去查阅典籍外，更多的是向来京城的孝廉、卫卒了解各自地区的方言。孝廉、卫卒不可能通晓久已失传的古代方言。他们所提供的只能是当时正在使用的方言。当时使用的方言表现出战国的区域特征，这只能有一种解释，即从战国到西汉，方言区基本没有变化。（关于方言区变动问题，可以参阅布龙菲尔德的《语言论》）第二，《方言》也记载了一些普通语，这些普通语按周祖谟先生的意见，'是以秦晋语为主的'。上述两个方面反映了当时的时代特征。一方面，西汉去战国不远，旧有的历史传统依然顽强存在，司马迁在《史记》卷一二九《货殖列传》中对楚地、齐地，河北赵、魏等地的风俗描述也能使我们感受到，他生活的时代还未迈出战国的历史之门。可以说，政治上结束战国是在秦代，而从文化上看，战国并未结束。从另一方面看，秦汉统一国家对社会生活的影响也已初露端倪。秦晋方言多为普通语，这与该地的政治中心地位是相适应的。"

　　除了这些认识之外，《方言》还能给我们一些其他的启示。《方言》在表述上，多数情况下是先列方言词，最后列出通用语，如《方言》卷一："党，晓，哲，知也。楚谓之党，或曰晓，齐宋之间谓之哲。""党"、"晓"、"哲"都是方言词，而"知"则是通用语。但是也有的时候，编者却不是这样处理的。卷九舟条："舟，自关而西谓之船，自关而东或谓之舟，或谓之航。南楚江湘凡船大者谓之舸，小舸谓之艖，艖谓之䑠艄。小 䑠艄谓之艇，艇长而薄者谓之艒……"南方地区关于"舟"的种种称谓在其他地区找不到对应语，更没有通用语，所以编者在此放弃了常用的方式，而是用解释性的文字来说明词意。有些表示心理状态的词汇也是这样处理的。我想，这些需要解释的、在其他地区没有对应语的词汇更值得关注。因为这类词汇更能反映当地文化特征。以前读书时，我的印象是，在识别不同民族语言时，语言学家好像比较关注如山、河、日、月、手、足等基本词汇的同异。不过，在分析同种语言内部的不同方言时，各地在基本词汇上好像没有太大的区别。

　　《方言》呈现出的最大特点，是较大的方言区都在中原四周，如秦晋区、河北赵魏区、北燕朝鲜区、齐区、吴越区、楚区，而中原地区的情况却十分混乱，根据不同的方言词汇可以划出许多不同的区域，如陈楚宋魏区、陈楚宋卫区、宋魏区、陈楚区、周韩郑区、周韩郑卫区等。严耕望先生在《扬雄所记先秦方言地理区》中将这些混乱的区域合并成一个"中原区"，这恐怕是不行的，因为我们找不到一个恰好是流行于这一地区的方言词汇。在我看来，中原地区绝对不构成一个方言区，这是中原地区最大的特点。我的猜测是，中原地区四通八达，战国时期周边大国林立，中原诸小国不仅在政治上被迫"朝秦暮楚"，而且在语言上也被周边大国撕碎了，所以难以形成统一的、排他的方言区。

还有一个有趣的现象值得注意。按严耕望先生的考证，上面提到的"陈楚宋魏"中的"楚"并不是指楚国的全境，而只是"指淮北之陈蔡汝颍地区而言，至多扩及淮水南北，决非指荆楚（郢楚）故地而言也"。严氏此说有可靠的史料依据，完全可以相信。《史记》卷六三《老子韩非列传》："老子者，楚苦县厉乡曲仁里人也。"索隐："苦县本属陈，春秋时楚灭陈，而苦属楚，故云楚苦县。""庄子者，蒙人也，名周。"索隐："刘向《别录》云宋之蒙人也。"按此，老、庄正在"陈楚宋魏"区域内，"苦"、"蒙"均在今河南境内。过去论及老、庄思想，学者都强调其楚文化的背景，这是不错的。楚国多神话，按民俗学的解释，神话与传说不同，神话偏重于解释，在神话的土壤上容易产生像老、庄那样较为纯粹的哲学。但当我们注意到老、庄生活的具体地域时，上述解释又显得有些不够了。为什么老、庄思想未能产生在更南方的楚国腹地呢？为什么他们恰好出自楚文化圈的最北部呢？要知道，从自然地理的角度看，这里已经不属于南方了，而是属于河、淮平原。

我们试着解释一下。《史记·货殖列传》称："陈在楚、夏之交。"正义云："言陈南则楚，西及北则夏，故云'楚、夏之交'。"陈地如此，其实从广义上看，"陈楚宋魏"整个地区（这里所说的"魏"也不是指魏之全境，而是指与陈楚宋连接的部分魏地）都处在南北文化交汇的位置上。这样的地区是容易产生新思想的。相反，过于闭塞的南楚腹地要落后得多，不易有新思想发生。

"边缘地区"是重要的。春秋战国以来，原本落后的秦、楚都在向中原发展，最终到达了"边缘地区"，这对于它们接受新文化、国势趋强是至关重要的。《战国策》说："凡天下战国七，而燕处弱焉。"为什么燕最弱？我想一个主要原因就是燕远离中原地区，未能到达"边缘地区"，从而难以接受新文化。从方言上看，燕虽然与齐，以及与河北之赵魏有些共同的方言词汇，但更多地呈现在我们面前的方言词汇却是在"北燕朝鲜之间"。这说明燕主要的交流对象是比它更为落后的地区。这就制约了它的发展。

最后再说说普通语的问题。按前文引周祖谟先生所说，西汉时代"秦晋"语居于普通语的位置，但到后来却有了变化。陈寅恪先生在《东晋南朝之吴语》中分析了"吴语"、"洛生咏"诸问题。他最后说："永嘉南渡之士族其北方原籍虽各有不同，然大抵操洛阳近傍之方言，似无疑义。故吴人之仿效北语亦当同是洛阳近傍之方言，如洛生咏即是一证也。"陈先生的分析不误。如此，则"洛阳近傍"之方言已经取代了过去秦晋方言的普通语地位。这种转移当是发生在东汉到西晋这一时期。东汉魏晋，政治文化中心都在以洛阳为中心的中原地区，这当是造成普通语转移的最重要原因。

作为历史研究者，应该懂得些语言学的知识。我虽不懂，不过偶尔去串串门也感到有收获，也会受到些启发。

读三种《观世音应验记》

六朝时期，为宣扬佛教灵验，有所谓《观世音应验记》一类书出现。刘宋时有傅亮的《光世音应验记》，还有张演的《续光世音应验记》，萧齐时又有陆杲的《系观世音应验记》。这三种应验记久已失传，庆幸的是，上个世纪在日本发现了三书的古抄本。（据我所知，此书有孙昌武点校《观世音应验记》、董志翘《观世音应验记三种》译注二种。手头没有孙书，以下所引《应验记》文本均出自董书）

对于佛教史，我虽是一个纯粹的外行，但有"围观"的兴趣。"围观"，即是身在事外，看看热闹而已。下面就说说"围观"的体会。我感觉这三种应验记是非常宝贵的资料，对于研究当时佛教在下层社会的传播、佛教与道教之间的冲突斗争都有十分重要的价值。以下我就尝试着逐一分析这三种应验记。需要说明的是，可能因为比较喜好"地域史"的缘故，所以我最关心的并不是这些故事本身，而是这些故事中的主人公到底为何时、何地人。

刘宋傅亮的《光世音应验记》共七条：一、竺长舒。二、沙门帛法桥。三、邺西寺三胡道人。四、窦传。五、吕竦。六、徐荣。七、沙门竺法义。

第一条："竺长舒者，其先西域人也。世有资货为富人。居晋元康中，内徙洛阳。长舒奉佛精进，尤好诵《光世音经》。"竺长舒是西域人，后内迁至洛阳。故事发生在西晋时北方地区。

第二条："沙门帛法桥，中山人也……石虎末犹在，年九十余乃终。"帛法桥是北方人。故事发生在十六国时期的北方地区。

第三条："石虎死后，冉闵杀胡……时邺西寺有三胡道人。""胡道人"应指域外僧人。故事发生在十六国时期的北方地区。

第四条："窦传者，河内人也。永和中，高昌、吕护各拥部曲，相与不和……沙门支道山时在护营中……道山后过江，为谢庆绪具说其事。"窦传，北方人。故事发生在十六国时期的北方。

第五条："吕竦字茂高，兖州人也，寓居始丰。自说其父尝行溪中……竦后与郗嘉宾周旋，郗口所说。"始丰，属临海郡。吕竦是北来侨人。故事发生在东晋时期的南方。

第六条："徐荣者，琅琊人。常至东阳，还经定山……荣后为会稽府督护，谢庆绪闻其自说如此。与荣同舟者，有沙门支道蕴，谨笃士也，具见其事。后为余说之，与荣同说。"徐荣祖籍琅琊，为北来侨人。东阳郡，属于扬州。这也是发生在东晋时南方的故事。

第七条："沙门竺法义者，山居好学……义住始宁保山，余先君少与游处。义每说事，辄凛然增肃。"竺法义籍贯不详，《高僧传》卷四有传："竺法义，未详何许人。年十三，遇深公……于是栖志法门，从深受学。"始宁县属会稽郡。故事也是发生在东晋南方地区。

以上七条应验故事中，四条发生在北方，三条发生在南方。南方的三条故事之中，两条故事的主人公都是北来侨人。最后一条故事中的主人公籍贯不详。总之，七条故事中，还没有一例主人公可以肯定是南方土著。

刘宋张演的《续光世音应验记》共十条：一、徐义。二、张展。三、惠简道人。四、孙恩乱后临刑二人。五、道泰道人。六、释僧融。七、江陵一妇人。八、毛德祖。九、义熙中士人。十、韩当。十条当中，一、二、五、八、十条为北方事。第九条发生地不详。余四条为南方事（考虑到篇幅，北方事例不再列出）。这四条是：

第三条："荆州听事东有别斋三间，由来多鬼，恒恼人。至王建武时，犹无能住者。唯王周旋惠简道人素有胆识，独就居之……"王建武即王忱，东晋太元年间曾任荆州刺史、建武将军。

第四条："昔孙贼扰乱海陲，士庶多罹其灾。有十数人临刑东市。一人独奉法，便至意诵光世音。同坐者问之。对曰：'闻佛法经，有光世音菩萨济人危，故自归耳。'其便事事效之。次当就命，官司簿目独无其名，相与惊骇怪，乃各散走。二人亦随众，遂得免。""孙贼"指东晋末年孙恩之乱。此事发生在东部沿海地区，具体地点不详。"奉法"之人可能是南方当地人。

第六条："道人释僧融，笃志泛爱，劝江陵一家，令合门奉佛。"

第七条："僧融又尝与释昙翼于江陵劝一人夫妻戒，后其人为劫所引，因遂越走。执妇系狱。融遇途见之，仍求哀救，对曰：'惟当一心念光世音耳，更无余术。'妇人便称念不辍……"

以上四条发生在南方的故事中，除僧人惠简一条外，两条讲述的都是僧人在南方宣传佛教的故事。信教者"江陵一家"、江陵"妇人"可能是南方土著。"孙恩乱后临刑二人"一条中，故事中的主人公也可能是南方土著。

萧齐陆杲的《系观世音应验记》共六十九条。其中记南方事约二十余条，大致可分为三种情况。第一种情况是僧人事迹，如第八条"释法纯道人"、第二十二条"释僧洪道人"。第二种情况是北来侨人事迹，如第五条"刘澄"、第七条"伏万寿"、第二十三条"王球"、第二十四条"郭宣"、第三十二条"朱龄石"。第三种情况是南方土著或可能是南方土著的事例，如第三条"吴兴郡吏"、第四条"海盐一人"、第二十一条"会稽库吏姓夏"、第三十四条"张会稽使君"、第三十八条"唐永祖"、第四十条"彭子乔"、第六十一条"潘道秀"。以下我们来关注一下涉及南方土著的故事。

第三条："宋元嘉中，吴兴郡郭尝大火，治下民人居家都尽。唯一家是草屋，在火腹，独在。太守王韶之出见火，以为怪异。使人寻问，乃郡吏家也。此吏素不事佛，但恒闻王道光世音，因火切起诚，遂以至心得免也。"

第四条："海盐有一人，年卅，以海采为业。后入海遭败，同舟尽死，唯此人不死，独与波沉浮。遂遇得一石，因住身其上，而以石独，或出或没，判是无复生理。此人乃本不事佛，而尝闻观世音。于是心念口叫，至诚无极。因极得眠，如梦非梦，见两人乘一小船，唤其来人。即惊起开眼，遂见真有此事，跳透就之，入便至岸，向者船人不觉失去。此人遂出家，殊精进作沙门也。"

第二十一条："晋义熙中，司马休之为会稽。换回库钱廿万，迁荆州，遂不还之。郡无簿书，库吏姓夏，应死，明日见杀。今夜梦见一道人，直来其前，语夏：'催去！'因觉起，见所住槛北有四尺许开，又见所梦道人复语：'催去！'夏曰：'缘械甚重，何由得去?'道人曰'汝已解脱,但便速去,我是观世音也。'夏便自觉无复锁械,即穿出槛,槛外墙上大有芳判,见道人在芳上行。夏因上就之。比出狱,已晓,亦失向道人。处处藏伏,瞑投宿下驾山,见有数道人共水边坐。夏先亦知有观世音,因问曰:'观世音是何处道人?'道人曰:'是佛,非世间人也。'得免后,守人遇收,因首出为秘书令吏。后归家作金像,著颈发中,菜食断谷,入剡山学道。"

第三十四条:"呆外祖张会稽使君讳畅,字景微,吴人也。知名天下,为当时民望。家奉佛法,本自精进。宋元嘉末,为荆州长史。孝建初,征还作吏部尚书,加散骑常侍。于时谯王丞相在荆州,自启解南蛮府,留使君为持节校尉,领己长史,带南郡如故。寻荆州作逆,使君格言谏之。丞相则欲见害,有求得免。丞相性痴,左右是用,虽以谏见全,而随众口。没有恶意,即梦见观世音,辄语:'汝不可杀张长史。'由此不敢害。及至丞相伏诛,使君亦系在廷尉。诵《观世音经》得千遍,钳锁遂寸自断。于是唤狱司更易之,咸惊叹以为异,少日便事散。此呆家中事也。"

第三十八条:"唐永祖,建康人也。宋孝武时作大市令,为藏盗被收。临收日,遇见相识道人,教其念敬观世音。永祖岁本不信向,而事急为之。在建康狱,经六日,昼夜存念,两脚著锁忽然自脱……永祖出,即推宅为寺,请道人斋会,郢州僧统释僧显,尔时亲受其请,具知此事,为呆说之。呆舅司徒左长史张融、从舅中书张绪同闻其说。"

第四十条:"彭子乔者,益阳人也。作本郡主簿,触迕太守沈文龙,见执付狱,欲遂杀之。子乔少时出家,还俗,故恒诵《观世音经》。于时文龙必欲杀子乔,判无复冀,唯至心诵经,得百有余遍……其双械脱在脚后。”

第六十一条：“吴郡潘道秀，年廿余，队纠主。晋义熙中，从宋高祖征广固，于道有勋，转为队副。道秀在别军经败，星散各走，遂为伧人所略卖，传数处作奴。既无归缘，分死绝域，本信佛法，后说别偈……恒念观世音，数梦想得见。后被使伐树，独在山中。忽眼见观世音真形放光，竟山中为金色。道秀惊惧作礼，下头便见地无复光。仍即仰视，都非向处。更就四望，便已还在乡里。于是随路归家，其事惊动远近。秀后精进弥笃，年垂六十亡。”

以上“张会稽使君”、“唐永祖”、“彭子乔”、“潘道秀”都是南方土著。“吴兴郡吏”、“海盐一人”、“会稽库吏”籍贯不详，但很可能也属于南方土著。有趣的是，这些故事中的主人公多数原本并不信佛，如吴兴郡吏“素不事佛”，海盐一人“本不事佛”，会稽库吏早先也只是“知有观世音”，但并不明白是怎么回事，所以才问：“观世音是何处道人？”道人曰：“是佛，非世间人也。”唐永祖也是“本不信向，而事急为之”。这与前述张演《续光世音应验记》中“孙贼扰乱海隅”一条很相似。当时被捕诸人中虽有“一人独奉法”，但是他并不明白到底“法”是什么。所以别人问他缘由，他回答说：“闻佛法经，有光世音菩萨济人危，故自归耳。”此人对“佛法经”也只是听说过而已。这些事例都属于危难临头，临时抱佛脚之类。

从上述三种应验记看，观世音崇拜在南方似并不很流行。三种应验记作者除刘宋时的傅亮为北来侨人外，其他二书作者如刘宋时的张演、萧齐时的陆杲都是南方本地吴郡人。不过，需要特别注意的是，傅亮书的原始作者其实也是南方本土人士。傅亮在介绍故事之前有一介绍：“右七条，谢庆绪往撰《光世音应验》

一卷十余事,送与先君。余昔居会土,遇兵乱失之。顷还此竟,寻求其文,遂不复存。其中七条具识事,不能复记余事,故以所忆者更为此记,以悦同信之士云。"由此可知,谢庆绪是本书的原始作者。他将此书送给了傅亮的父亲,但因遇动乱,此书不复存,傅亮凭记忆,写出七条。谢庆绪即谢敷,他是会稽人,《晋书》卷九四《隐逸传》载有其事迹。由此可见,三种《观世音应验记》的作者都是南方本土人士。按说他们对本地人当中发生的应验传闻应该有更清楚的了解,但记载下来的各类故事中,发生于南方土著身上的应验故事却并不多。

除观世音应验故事之外,佛教也还有其他类型的应验故事,如南齐王琰《冥祥记》中就多有此类故事。据我粗略统计,《冥祥记》所载各类应验(包括观世音应验)故事约一百二十条。其中少数故事时间、地点不详。除此之外,发生于南方的故事约七十条,但故事中主人公多是僧人或北来侨人,主人公为南方土著居民的约有二十余条(其中有的故事已见于前引三种应验记中),也不算多,与观世音应验记所表现出的情形相似。

这样看来,是否可说佛教信仰在南方民间远不如在北方民间那样流行呢?如果这一假设能成立,那么这又是什么原因造成的呢?依我猜测,这很可能与南方土生土长的巫术、道教传统的强大有关。这是读了鲁迅所辑相关志怪小说后的一点感受。下面看几个例子。

晋荀氏《灵鬼志》:"晋南郡议曹掾姓欧,得病经年,骨消肉尽;巫医备至,无复方计。其子夜如得睡眠,梦见数沙门来视其父。明旦,便往诣佛图,见诸沙门,问佛为何神?沙门为说事状,便将诸道人归,请读经。再宿,病人自觉病如轻……自此后病渐渐得差。"这段故事是在宣传佛能治病,而巫医则束手无策。

宋刘义庆《宣验记》："史隽有学识，奉道而慢佛。常语人云：'佛是小神，不足事也。'每见尊像，恒轻诮之。后因病脚挛，种种祈福，都无效验。其友人赵文谓曰：'经道福中第一。可试造观音像。'隽以病急，如言铸像。像成，梦观音，果得差。"这段故事是在宣扬"奉道而慢佛"的害处。若想治病，还得信佛教而不能信道教。

同书："程道慧，字文和，武昌人。旧不信佛，世奉道法。沙门乞者，辄诘难之。论云，若穷理尽性，无过老庄。后因疾死，见阎罗王，始知佛法可崇，遂即奉佛。"这段故事也是从信道转而信佛的例子，还是在宣扬佛优于道。

齐王琰《冥祥记》："晋张应者，历阳人。本事俗神，鼓舞淫祀。咸和八年，移居芜湖。妻得病。应请祷备至，财产略尽。妻，法家弟子也，谓曰：'今病日困，求鬼无益，乞作佛事。'应许之。往精舍中，见竺昙铠。昙铠曰：'佛如愈病之药。见药不服，虽视无益。'应许当事佛。昙铠与期明日往斋。应归，夜梦见一人，长丈余，从南来。入门曰：'汝家狼藉，乃尔不净。'见昙铠随后，曰：'始欲发意，未可责之。'应先巧，眠觉，便炳火作高座，及鬼子母座。昙铠明往，应具说梦。遂受五戒。斥除神影，大设福供。妻病即闲，寻都除愈。"这还是一个涉及治病的故事。对于疾病而言，"俗神"、"淫祀"、"求鬼"都无用，要想解决问题，还得改信佛教。

同书："何澹之，东海人，宋大司农，不信经法，多行残害。永初中，得病，见一鬼，形甚长壮，牛头人身，手执铁叉，昼夜守之。忧怖屏营，使道家作章符印录，备诸禳绝，而犹见如故。相识沙门慧义，闻其病往候；澹之为说所见，慧义曰：'此是牛头阿旁也，罪福不昧，唯人所招；君能转心向法，则此鬼自消。'澹之迷很不革，顷之遂死。"这是一个反面的例证。因为不信佛法而坚信道教，何澹之终遭恶报。

同书："宋孙道德，益州人也，奉道祭酒，年过五十，未有子息。居近精舍，景平中，沙门谓德：'必愿有儿，当至心礼诵观世音经，此可冀也。'德遂罢不事道，单心投诚，归观世音；少日之中而有梦应，妇即有孕，遂以产男也。"孙道德信道教，任"奉道祭酒"，但结果呢，年过五十仍未有子，说明道教不管用，改信佛教，遂立刻见到成效。

《冥祥记》中最曲折、最富戏剧性的故事当属"宋刘龄者"一条："宋刘龄者，不知何许人也。居晋陵东路城屯，颇奉法，于宅中立精舍一间，时设斋集。元嘉九年三月二十七日，父暴病亡。巫祝并云：'家当更有三人丧亡。'邻家有道士祭酒，姓魏名叵，常为章符，诳化屯里，语龄曰：'君家衰祸未已，由奉胡神故也。若事大道，必蒙福祐，不改意者，将来灭门。'龄遂揭延祭酒，罢不奉法。叵云：'宜焚去经像，灾乃当除耳。'遂闭精舍户，放火焚烧，炎炽移日，而所烧者，唯屋而已，经像旛□，俨然如故，像于中夜，又放火赫然。时诸祭酒有二十许人，亦有惧畏灵验，密委去者。叵等师徒，犹盛意不止；被发偶步，执持刀索，云斥佛还胡国，不得留中夏，为民害也。龄于其夕，如有人殴打之者，顿仆于地，家人扶起，示余气息，遂委挛躄，不能行动，道士魏叵，其时体内发疽，日出二升，不过一月，受苦便死。自外同伴，并皆著癞。其邻人东安太守水丘和传于东阳无疑，时亦多有见者。"这个故事最能见到佛、道斗争的激烈，读来也十分有趣。

这些故事在志怪小说中还有一些，说的都是佛教战胜了道教，佛教有用而道教、巫术淫祀等无用。这反映出当时佛教与道教之间在争取下层民众方面是有激烈斗争的。换言之，阻碍佛教在民间传播的主要就是道教及巫术、淫祀等。值得一提的是，《冥祥记》中有一个故事很特别："宋王淮之字元曾，琅琊人也。世以儒专，不信佛法。常谓：'身神俱灭，宁有三世？'元嘉中，为丹阳令，十年，得病气绝，少时还复暂苏。时建康令贺道力省疾，下床会，淮之语力曰：'始知释教不虚，人死神存，信有征矣。'道力曰：'明府生平置论不尔，今何见而乃异之耶？'淮之敛眉答云：'神实不尽，佛教不得不信。'语卒而终。"这个故事反映的是儒、佛之间的关系，儒者由不信佛教转而最终信从。这样的故事在《冥祥记》中只有这一条。与众多佛、道斗争故事相比，这个孤零零的故事反衬出当时阻碍佛教在民间的传播主要不是儒家思想而是道教、巫术等。

从东汉末一直到东晋，南方本土最盛行的就是道教。道教徒孙恩之乱时，"三吴士庶皆响应"，可见其影响之大。一直到后来，南朝崇佛最厉害的梁武帝早年其实也是信道教的。周一良先生曾经注意到"东晋南朝很少听说佛教徒改宗道教，却颇有些道教徒信仰了佛法。"（《论梁武帝及其时代》）我想，这其中的原因可能就在于道教植根本土已久，而佛教是后来的、外来的，从时间上看，道教是底层的信仰，人们生活在本乡本土，从小到大，首先接触到的就是道教，而后才是佛教。因此最可能的是从道教转佛教，而不大可能从佛教转道教。

在下层民众中传播高深的佛教义理恐怕是很困难的，民众感兴趣的是实用性。从东晋后期开始，信奉佛教的士人开始注意到了这个问题，所以各种类似"应验记"之类的"释氏辅教之书"（鲁迅语）越来越多，其宣传作用不可小视，民众只有相信了佛教真能帮助他们的生活才会信奉。在志怪小说中也能见到这样例子：因其佛法的灵验而使得"于是屯人，一时奉法"、"一县士庶，略皆奉法"。这是佛教在民间的胜利。

就东晋情形论，不仅下层，而且在上层士人群体当中信佛教的似乎也不多。当时，特别是东晋前期，士人交往圈多数还是北人与北人交往，南人与南人交往，地域隔阂比较明显，而北来僧人，其实也是北人，只不过身份特殊而已。因此僧人初到江南，来往较多的也往往还是过江北人，如支遁与北人的交往就是一个显例。这就限制了佛教在南方本土士人中的传播。

东晋前期妨碍南方士人接受佛教可能也与当时佛教的特点有关。汤用彤先生论及"佛教南统"特征时说："佛义与玄学之同流，继承魏晋之风，为南统之特征。"他又说："当时道俗所谈论，偏于理论。"（汤用彤：《汉魏两晋南北朝佛教史》）佛教与玄学的结合可能对南土士人接受佛教有很大的妨碍，因为东晋前期南方士人并不大懂来自于中土的玄学。但是从晋宋之际开始，这种局面有了明显改观，南人也逐渐懂得玄学了。在佛教领域，南人也愈来愈醒目。如前所述，三种《观世音应验记》的作者都是南方本地人。此外，其中的陆杲还著有《沙门传》三十卷。众所周知，《高僧传》作者是慧皎。他也是南方土著，出自会稽。由此看来，到南朝，佛教经历了若干曲折后终于融入了南方本土社会。

怀念周一良师

得知周一良师逝世的消息，我并不感到很突然。因为他已年近九十，且体弱多病，"这一天"在哪一天到来的可能性都有。

周先生自己也早有思想准备。他原本身体很好，可 80 岁以后，却是每况愈下，大概因为这个缘故，在很多场合他都喜欢引用明人笔记里的一段话。我记得那段话大意是说有四种情形长不了：一是春寒，二是秋热，三是老健，四是君宠。在怀念吴于廑先生的文章结尾处，他写道："最近三年，我连续失去了三位论交五六十年的挚友——哈佛的杨联升、复旦的谭其骧、武汉的吴于廑。因业务相近，三人与我关系密切，而噩耗传来，并未起昭告与他们三人从此人天永隔的震撼作用，却像是预报将与他们殊途而同归。"他就是这样，虽然热爱生活，但又总能以一种平和的心态看待死亡。三个星期前，也就是中秋节时，我的师姐去看望他，他说："天堂已近，苏杭未去"，还惦记着去苏杭游览。可惜这个愿望永远无法实现了。那天，我因有事没有同去。师姐回来嘱咐我，老人喜欢吃点心，去的时候别忘了带些新鲜的点心。本想近期带着点心去看他，可惜我这个愿望也永远无法实现了。生活就是这样，总会有遗憾，人人都是如此。

我最早知道周先生的名字是在 9 岁那年。"文革"开始，红卫兵抄家走后，我帮着父亲整理散落在地上的书籍，其中有一本就是周先生的《魏晋南北朝史论集》。扉页上写着："如雷同志批判"，下面署名："一良"。对此我大惑不解，既然称同志，那就是自己人，可自己人为何又要批判呢？受那个年代影响，在我幼小的脑子里，以为只有对敌人才会用"批判"这个词。父亲无心解释，只是摸着我的头说："长大了就知道了。"是的，长大了就知道了。但无论是父亲还是我，都不可能料到，多少年以后这本书竟然成了我的必读书，而我也竟然成了周先生的学生。

父亲也是周先生的学生，1952 年从清华大学历史系毕业。很快，因院系调整，周先生也离开清华，到了北大。整整 30 年后，1982 年我又当上了周先生的研究生。在这漫长的 30 年里，周先生经历了种种坎坷。基本上可以说，父亲毕业后，周先生就被迫改行研究上了世界史，而我当上研究生的时候，正是他刚刚归队、重操旧业不久。由于这个背景，父亲生前总是和我开玩笑说："我是你的大师兄。"人生真是不可捉摸。30 年多少坎坷路，父与子竟成师兄弟。

见周先生之前，父亲向我介绍了他的情况。父亲说，周先生虽是大家，但没架子，很随和，很好接触。此外，周先生做学问很谨慎，没把握的话是不会说的。我没有料到的是，父亲最后说："周先生长得很漂亮，绝不在孙道临之下。"这三条都说对了。但是我要补充的是，先生固然随和，但随和之中实际上还是透着一种不可言说的威严。我几乎敢和所有的老师开玩笑，但唯独和他不太敢。

　　周先生对学生的要求是非常严格的。我们写的作业，不仅内容上他要严格把关，就是文字上他也绝不含糊。记得当时他的《魏晋南北朝史札记》正在《文史》陆续刊出。为了行文的方便，他使用了浅近的文言。我也学着在作业中写文言。这一次周先生不客气了。他在我的作业上批道："不要乱用之乎者也，这很可笑。"后来见面，他又跟我说："你们还是写白话文为好，现在 60 多岁的人已经写不了文言文了。"当时，他 70 多岁。从那以后，我再没有写过文言文。

　　刚毕业那几年，我懒散，几乎没有写出什么有分量的文章。周先生很失望。他对田余庆先生说："他可不如他父亲像他这么大的时候。"这评价给我以极大的震撼。从那以后，我才开始逐渐用功读书。到他 80 岁生日论文集出版时，先生对我终于有了较为满意的评价。书中收了我的一篇短文，题目是《〈史记〉〈汉书〉籍贯书法与区域观念变动》。先生阅后给父亲写信说："生子当如孙仲谋。"去年，我又给他看两篇新作。一篇是《〈三国志〉裴注研究》，一篇是《杂传与人物品评》。他在给我和师姐的来信中说："宝国两篇视野广阔，考证细密，发前人（包括我这老师在内）所未发之覆，读来很过瘾，有寅老风范，既出蓝，又跨灶矣。宝国勉之哉！"当时读到这封信十分高兴。而今天，当周先生早晨刚刚离去后再读此信，我只是感到欣慰。最终，我没有让他失望；最终，他是以一种满意的目光在注视着我。今后的岁月里，老人这温暖的目光势必长久地伴随着我。

　　记得一位外国历史学家曾说："历史就是现在与过去永无休止的问答交谈。"其实，对于一代又一代的研究者来说又何尝不是如此。在学术研究的道路上，我们这些后来者与前辈之间的问答交谈也将是永无休止的。在周先生的著作中，我们仍然会时时受到教益。

写于 2001 年 10 月 23 日周一良先生逝世当日下午

附：一年以后写的帖子

周一良先生的生日是 1 月 19 日，如果他健在，今年该是 90 岁了。我的生日是 1 月 20 日，过去私下里曾和别人开玩笑说，周先生就比我大一天。因为这个缘故，所以我记他生日很容易。后来就更容易了，因为我的父亲正是 1 月 19 日去世的。去世当天，我没有通知周先生，因为是他的生日。我选择了第二天，即我的生日那天才打电话通知他。周先生勉励我继承父业，发扬光大。其他还说了些什么，我都记不清了。

周先生去世一年多了。去世的当天下午，我写了个纪念帖子，后来就没有再写什么。一年多了，网上网下，议论纷纷。怎样说似乎都不合适，怎样说都可能引起激烈的冲突。这是我不愿意发言的一个根本原因。不过今天我似乎又有几句话想说。

一些人对周先生极不宽容，我想其中原因可能是多种多样的。有的人可能是出自对那个时代的极端愤怒；也有的人可能是因为对周先生其人其事还缺乏了解；也有的人可能是因为天性刻薄，向来不能与人为善。

人们责备周先生的一个重要理由是：他是一位历史学家。历史学家，古今中外见得多了，怎么会认不清楚形势？认不清楚好坏？所以，他所有的解释都是虚假的。他是明知故犯。

历史学家具有超过一般人的洞察力。这样的观点给了历史学家过多的荣誉，也给了历史学家过多的负担。其实真实的情况并非如此。我不是历史学家，只是一个普通的历史研究者。就我的经验来看，往往不是"历史"使得我们更能认清"现在"，倒是"现在"常常使得我们更易于理解"历史"。正是因为"现在"左右着历史研究者，所以一代又一代的历史研究者才能不断地站在"现在"的位置上提出自己对历史的认识。周先生也是如此，"文革"结束后，他见到我父亲就说，"经历了文化革命，对魏晋南北朝史上的很多事情容易理解了"。我想，这"很多事情"应该是指政治史上的事情。他在《魏晋南北朝史札记》中有一较长条目："曹氏司马氏之斗争"。每次看到这条，我总感到其中蕴涵着由他的亲身经历而生出的许多感慨。其实不仅周先生是如此，就连田余庆先生恐怕也是如此。看田先生 30 多岁写的文章，就能感受到这是一位极有才华的年轻学者。但如果不经历"文化大革命"，不亲眼见一见政治的复杂、残酷，他也未见得就能把东晋政治史写得那样出神入化。

总之，历史学家并不因为研究历史就一定具备特别的洞察力。当现实而不是魏晋南北朝史给了他教育，他才第一次意识到自己过去的幼稚，所以才写下了那句掺着血泪的话："毕竟是书生"。书生，这正是幼稚的另一种说法。书生，不懂得人家的政治。多少人都没有看懂这句话，以为他在粉饰自己，以为他在推卸责任。

父亲的书

如果父亲还活着，今年正好八十岁了。他的《中国封建社会形态研究》一书是 1979 年由三联书店出版的，距离现在已经有近三十年了。在这样的时候，作为儿子、同行，似乎应该写点什么，但我实际上是有些为难的。一方面，我是研究魏晋南北朝史的，对他所从事的经济史研究纯粹是个门外汉，没有什么资格说话；另一方面，儿子评价老子总是比较困难的，不论是说好，还是说不好，都不妥。我想，学术上的分析、评价还是留待他人来作吧。适合我说的，或许只是围绕着他的书、他本人所发生的那些边边角角的事情。

人有了一个念头以后，就会不知不觉地朝着这个方向走。父亲写《形态研究》其实是由来已久了。他在清华历史系读书时，政治经济学课程是由《资本论》的翻译者王亚南先生讲授的。据他说，王亚南先生的课讲得非常好。这对他以后学术道路的选择产生了很大影响。他后来对我说："当时我就想，马克思写了一部《资本论》，我以后要写一部《地租论》。"那时他才二十几岁，这是一个很容易产生大想法的年龄。后来他虽然以研究隋唐史为主，但这本《形态研究》的问世也绝不是偶然的，应该说，此书就是他心中一直酝酿着的那本"《地租论》"。

1962 年，他在《历史研究》上发表了题为《关于中国封建社会形态的一些特点》的文章。这篇文章就是以后《形态研究》一书的前奏。文章发表后，王亚南先生来京开会，特意约他到北京饭店谈话，鼓励他在这方面继续工作。1978 年，因为"文革"刚刚结束不久，他在序言里没有提到任何人的名字，只是泛泛地说："很多师友不断对我进行鼓励。"以后的多年里，他总是为此感到遗憾，多次对我说，如果以后再版的话，一定要专门讲讲王先生对自己的影响。很可惜，他没有这样的机会了，此书重印过，但从未再版。有趣的是，他虽然在书中没有提到王亚南先生的名字，日本学者却发现了这一点。菊池英夫先生在一篇文章中明确指出，"不论在书名上还是在手法上，这本书都可以说是一部真正继承王亚南先生的工作，追溯前近代史的著作。"父亲看后很高兴。

《形态研究》是以马克思主义为指导的，他的其他论著也基本上是如此。大概因为这个缘故，有一次赵守俨先生问我："你父亲是党员吗？"父亲不是党员，他也没有参加过任何别的党派。他对马克思主义的兴趣起初只是局限在学术方面，当然，最终还是影响到了他人生道路的选择。他是阎锡山的外甥。1949 年国民党从大陆溃退前，阎锡山找他谈话，想送他去英国留学，但他不愿意去。他对阎说："我读过共产党的不少书，觉得挺好的。"阎说："你不了解共产党，共产党是先甜后苦。"阎最终还是未能说服他。

上个世纪早期，我的祖父留学日本，学的是纺织。他死得早，对父亲没有影响。我有时想，如果祖父一直活着，受家庭环境影响，父亲或许不会对文科的书籍有那么浓厚的兴趣，如果是这样，他的人生可能完全是另外一番样子。我是学历史的，当然知道假设一段历史没有什么意义，但"假设"毕竟是一件很好玩的事情，所以闲下来的时候，就不免会有些"假设"的念头产生。

1949 年，父亲不过二十来岁，由于特殊的家庭背景，属于他的，以及他可以继承的房子居然有好几百间，其中一些还是带花园的高级宅院。这些房产他都没有要，他认为很快就要进入共产主义了，以后用不着钱了。他只为自己买了一支价格不菲的派克笔。就这样，他把自己变成了一个穷人，终其一生都是如此。母亲去世后，父亲对我说："你妈真可怜啊，嫁了个有钱人，穷了一辈子。"

在清华读书时，他学习很好，老师们想让他留校，或者保送他去读研究生，但是因为家庭出身不好，又不积极参加政治运动，所以 1952 年毕业后就被分配到了河北。河北省又把他分配到了邢台师范学校。连生气带着急，二十多岁就得了糖尿病。即使如此，他仍然不愿意放弃自己的理想，在给周一良先生的信中，表达了继续研究的愿望。周先生回信说，收到来信"有如空谷足音，倍感亲切"。周先生还为他开了详细的书单。按照这个书单，他买了自己的第一批书，以后孙毓棠先生又送了他一批书。这样终于有了研究的可能。在类似于中学的师范学校当教员是比较苦的，他年轻，上课任务繁重，常常只能是利用课间休息的十分钟看两页书，晚上回到家，再点着煤油灯继续读，那时他住的地方还没有电。

但是，这样的日子也没有持续很久，肃反时，他被关了半年。当局说他是阎锡山留下的特务。他一再辩解说，阎锡山不可能留下自己的外甥当特务。不知道是因为辩解发生了作用，还是因为没有找到任何证据，最终被放了出来。

因为连续在《历史研究》等杂志上发表了几篇文章，他终于被调进了一所大学——河北师范学院。有了肃反的经历，所以在"引蛇出洞"的大鸣大放时，他一言未发，由此意外地没有当上右派。本来按他好说话、好议论的性格，反右是绝对躲不过去的。后来我发现，1949年以后，他这个人在关键时刻常常会有出色表现。"文革"后期"评法批儒"时，有杂志约他写一篇署名文章。他谢绝了，还写信告诉人家他的几个"不写"，如不符合历史事实的文章不写，不符合历史唯物主义的文章不写，不符合自己意愿的文章不写，等等。因为不写，所以失去了一次走红的机会，也因为不写，所以"文革"结束后，他没有任何问题，活得欢天喜地。

在《形态研究》的序言中，他写道："本书初稿完成于1964年。在"文化大革命"中，书稿曾一度失落，后来在一个偶然的机缘中找了回来。可是那时林彪和'四人帮'正在横行，显然没有出版的可能。从1974年开始，我每晚利用业余时间在书斋里进行修改，也没有想到几年后就能和读者见面。的确，如果不是打倒了'四人帮'，恢复了党的'百家争鸣'的方针，这部稿子是出版不了的。"他说得含混，没有说清楚书稿是怎么失落的，也没有说清楚后来怎么又找了回来。事情是这样的："文革"前，人民出版社已经决定出版这本书了，"文革"爆发后，一切都被搁置了，书稿被退了回来。当时学校已经大乱，他作为"牛鬼蛇神"也已经被抓了起来，所以自然收不到书稿。几年以后，一个曾经造过反，后又被打倒的学生在一个破旧的仓库里发现了这部书稿，这才找了回来。这个学生多亏以前看惯了父亲写的各种交代材料，所以对他的笔迹相当熟悉，一看到书稿就立刻辨认了出来。

1998 年父亲去世后，关于这部书稿我又知道了一些事情。一位河北师院的老师从人事处复印了一份 1961 年 6 月 5 日上海人民出版社给河北师院人事处的来信。信中说："贵系教师胡如雷撰有'中国封建制形态简编'一稿，尚有一定见解，但亦并不成熟，我社本拟争取出版，以供学术界的讨论参考，校样也已排出，后接贵处来信，告以胡的政治情况，我们决定不予出书，当即列举书稿的缺点，将稿件退还给胡。"这说明在《形态研究》之前，甚至在《历史研究》1962 年发表的文章之前，他曾经写过一本类似的书。这件事，我居然完全不知道。我想，当时出书大概都是要政审的，所以上海人民出版社才会与河北师院人事处联系。父亲没有参加过国民党，也没有当上右派，为何"政治情况"不合格？我想这大概还是因为他的家庭出身吧。上海人民出版社的信中还抄有父亲给他们的信。从信中看，这本书最晚是 1959 年冬天完成的。书没有能出版其实是因祸得福了，他 1952 年才大学毕业，1959 年就写出了书，质量肯定好不了。

1979 年刚刚拨乱反正，没有多少人可以立刻拿出著作来出版，所以这本书在当时的学术界很轰动，第一次就印了 5 万册，不久又加印了一次。以后，台湾还出了盗印的。1980 年代初，日本出版了一本书，书名是《中国历史学界的新动向》。该书用了一章的篇幅专门介绍《形态研究》，作者就是前面提到的菊池英夫先生。周一良先生看到此书后，立刻告诉了我。言谈话语间，能够感觉到周先生很是高兴。当老师的，看到学生有了成绩，自然是高兴。

为了写《形态研究》，他花费了很多年心血，读了不少书，史料不说，单是《资本论》就认真读了三遍。但是，这本书既然是要谈中国封建社会的特点，就不可避免地要拿中国史与外国史广泛对比。进行这种研究，作者必须对外国史有非常深入的理解、研究，而他当时并不具备这样的条件。此外，这本书是通贯性的，涉及从战国到明清的漫长历史时期，他虽然在大学教过很多遍中国通史，但毕竟不具备像钱穆等老一辈学者那样广博的通史知识，所以，这本书到底说对了多少，到底有多高的价值，老实说，我是始终心存疑虑的。但不管怎样，对他来说，研究自己有兴趣的问题毕竟是一次快乐的旅程。抛开一切庄严的、宏大的理由不谈，对研究者个人而言，还有什么比快乐更重要呢？

《形态研究》出版的时候，他已经 50 多岁了，尽管当时很风光，但他并没有因此而得意忘形。一直到老，他对自己始终还是有一个清醒认识的。去年春天，在一个纪念唐长孺先生和父亲的会议上，播放了他在 70 岁生日祝寿会上的讲话录像。他说："我经学、小学、外语都不行。外语学过三种，没有一种能通的。"他还说："我的成绩只能做到这样，再大了也不可能了。"说这话时，距离他去世只有两年了，当时他因多次脑梗，已经出现了一些明显的老年痴呆的征候，没想到还能讲出这样清醒的话。这好像又印证了我前面说的："他这个人在关键时刻常常会有出色表现"。

父亲去世后，我和哥哥、姐姐继承了他的藏书。线装书基本都归我了。过了几年，我把这些书都卖了。按说我们是同行，不论是为了工作还是为了纪念，这些书我都应该留下来，但我觉得没必要了，那些线装的二十四史我基本不会看，有标点本的，何必看线装的呢？我又不搞校勘。我知道，这种态度必定会受到严肃学人的批评，所以不大敢对人说。父亲的好几箱卡片我也全扔掉了，因为我不信卡片，总觉得要真想把文章写好，材料必须在脑子里活起来才行，如果拿起卡片才想起来，放下卡片就忘了，这种状态是写不出好文章的，更何况那还是别人的卡片，我要它干什么？没用的就卖掉，没用的就扔掉，我这种态度并非不孝。父亲晚年常常对我说："看到你发表一篇文章，比我自己出版一本书还高兴。"所以我想，自己把文章写好了，才是对父亲最好的纪念。再往深一层说，其实纪念不纪念又怎么样呢？死去的人已经不存在了，他什么都不能感知了，所谓"纪念"，说到底不过是活人的一种自我安慰而已。

本文写于 2006 年

话说长江学者

　　早就听到过"长江学者"这个说法，但具体怎么回事就不清楚了。后来在网上搜索相关报道，才知道"长江学者奖励计划"的宗旨是"延揽学界精英，造就学术大师，带动学科建设，赶超国际水平"，具体措施就是"采取一系列超常规的举措吸纳海内外学者精英"。所谓"超常规的举措"，说白了，就是用重金延揽人才。

　　这个计划是有道理的，因为杰出人才，不管在海内还是在海外，都已经享受到相当不错的待遇了。如果不用重金及一系列优惠的条件，怎么可能把人家吸纳回来？不过，后来的情况似乎跟最初的设想不太一样了。有人发现，许多单位的许多"长江学者"并不是从外面吸纳来的，而是原来就在本单位工作。这样一来，"长江学者"计划就不一定能起到"吸纳"的作用了，倒是有可能变成一个新的级别。

　　原来大学教师的系列是"助教"、"讲师"、"副教授"、"教授"，后来又有了"博导"。现在博导的上面又来了"长江"。"长江"是不是就到头了？我看不一定，最近听说正在酝酿建立社科系统的院士制度。如果有了院士，长江学者最多也就是第二等教授了。

以前听别人说，应该在硕士、博士之上再弄出两个级别，比如"壮士"、"烈士"。这当然是开玩笑了，不过博士的后面的确有"博士后"。"博士后"虽然不是一级学位，但似乎也有点"准学位"的意思了。

概括言之，不论是教师方面，还是学生方面，等级系列似乎都有延长的趋势。这是很值得研究的。

大家知道，人闲下来就容易生事，知识分子尤其如此。从这个角度看，"等级系列的延长"是有好处的，不论是教师还是学生，都忙着各自上等级，就顾不上操闲心了。这对于社会的稳定是有益处的。但换一个角度看，也会有些问题，可能会与建立"和谐社会"的大目标相矛盾。比如，"长江学者"是有名额限制的，而一个单位的杰出人才很可能比这名额要多得多。怎么办呢？我觉得可以再细分一下，比如分成"长江上游学者"、"长江中游学者"、"长江下游学者"三种类型。长江分完了，还可以再分黄河，如"黄河上游学者"、"黄河中游学者"等等。考虑到要发挥中央、地方两个积极性，还可以再搞一些地方性的名目，如"汾河学者"、"松花江学者"等等，有条件的高校还可以搞一些具有自己特色的学者系列，如北大就可以设一个"未名湖学者"系列。跟"水"有关的教授系列建立完了，还可以再打"山"的主意，比如"泰山学者"、"黄山学者"，最高级别的自然应该是"珠穆朗玛峰学者"。这么坚持搞若干年，大家就都有头衔了，社会也就能和谐发展了。

对学校来说，争"长江学者"意义重大，多一个长江学者，就多一份经费、多一份荣誉，这就跟争"博士点"一样。前两月出席一场宴会，某地高校校长率领属下一班干部前来北京活动博士点，他说，希望在座诸位在见到他们的申报材料后能多说好话。可能觉得话太露骨了，校长最后又补充说："请大家举杯，工作是暂时的，友谊是长存的。"呵呵，的确，只要他愿意请客，友谊地久天长。

鉴定文章

某校教授请我帮忙看两篇文章，鉴定一下文章作者的研究能力。这个作者想调单位。作者是某名校毕业的博士，现在在某高校当教师。

看了第一篇文章，感觉平平，作者只是对某个问题进行了一番简单的介绍、归纳。通篇文章没有表现出什么研究能力，而且也看不到今后可能会具备一定研究能力的迹象。虽然文章平淡，但感觉上并没有什么特别的，因为这样的文章非常多。到看第二篇文章的时候，感觉就有点怪异了。作者讨论的是个老问题，我记得至少有两位名家曾经讨论过，而作者在文章中竟然只字未提，仿佛那两位名家的文章根本不存在。再往后看，更觉得奇怪了，文字竟然是那样熟悉，好像是旅行之后回到了家。为什么呢？因为作者大段大段地抄袭了我的文章。当然，作者还不是那么没良心，文章最后有一个注提到了我，说是某些部分"参考了"我的书。这个说法太不准确了，"参考了"如果改成"抄袭了"就准确了。

　　我不会公布这个青年教师的名字，甚至也不想去批评他。人家抄袭我的文章，从积极的方面看，最起码也是看得起我，否则，那么多文章，为何单单抄我的呢？时下评价论文、专著的水准，常常会提到一个"引用率"的指标。我觉得考虑到目前的实际情况，仅仅关注"引用率"是不够的，还应该关注"抄袭率"。学术界应该建立起这样的共识：如果一篇文章多次被人抄袭，那这篇文章就应该算是好文章，评奖、提职称都应该考虑到这个因素。

　　我不想批评这位作者，还有一个更重要的原因，就是现在此类事情实在是太多了。我想，个别人发生的错误可能责任更多的是在个别人自身，但如果某种错误是大面积地、长久地发生着，那责任恐怕主要不是在个人，而是在社会、在体制方面了。

　　众所周知，越来越严重的学术评价量化的趋势，以及研究生必须发表论文等种种不合理的规定都是造成现在学术腐败的原因。这些制度性的规定必然是要逼良为娼。这些现象固然让人忧虑，不过真正让人最忧虑的还不在这些，而是在于不管学者们多年来怎样呼吁改变这些不合理的制度，但制度的制定者就是坚决不改。

　　去年不知道为什么，很有一批人非常正经地开始回忆上个世纪八十年代了。我也是属于那个年代的人，随着年龄的增长，也常常不由自主地回忆起那个年代。当时有一首非常著名的歌曲：《年轻的朋友来相会》。歌中唱道："再过二十年我们重相会，伟大的祖国该有多么美，天也新地也新，春光更明媚。"这几年，每到春天有沙尘暴的时候，我就会想起这首歌。

　　八十年代就是这样。那个时候，不管有多少问题存在，但我们相信未来"春光更明媚"。

　　八十年代真是学术的春天。那个时候，旧的折腾人的办法已经停用了，而新的折腾人的办法还没有被发明出来。

在地铁里看杂志

　　我的体会是，坐地铁一定要看点什么，比如杂志或者报纸之类的东西。这样，时间过得就很快。那天坐地铁，手里恰好有一本刚出版的杂志。按时下流行的说法，这杂志应该是属于"核心期刊"。很凑巧，里面居然有四五篇文章都和我目前的研究有关。于是便逐一翻阅。车还没到站，就已经都看完了。为什么看得这么快呢？这当然不是因为我太聪明了，而是因为这些文章实在太平庸了。平庸的文章有什么特征？平庸的文章并不见得说错了什么。它往往只是执著地告诉读者一个简单的事实：太阳一出来，天就亮了；太阳一落山，天就黑了。

　　这两年，学术界提倡学术规范、提倡打假，许多抄袭别人著作的事被揭露了出来。但是在我看来，有比抄袭更严重的问题，这就是平庸。这些年，平庸之作是普遍的、大量的。学术规范好像不能解决平庸的问题。

　　平庸之作是怎么出现的？首先大概是和现在的职称评定制度有关。几年前，一次聊天时，我的一位师兄说："现在是一个没有学术权威的时代。"另一位师兄接着说:"所以数量就很重要了。"因为评职称很看重数量,所以一位先生曾和我说:"职称评定委员会中应增设一名会计,专门数字数。"数量要多,自然无法保证质量。所谓"多、快、好、省",其实只是一相情愿的事,多了、快了,就很难好了。某日读报,报上介绍一位三十出头的研究者,说他很勤奋,正在写第十八本书。报纸是在夸他,他自己看了报大概也会很高兴,我却由此对此人产生了深深的疑惑,当时曾试图记住他的名字,以便买书时不要上当。

要想让平庸之作堂而皇之地出现在我们面前,还要有出版界的配合。现在的杂志、出版社多如牛毛,单靠好文章、好书是支撑不下去的。这就为平庸之作的问世提供了机会。如今人们喜欢说"知识爆炸"、"信息爆炸",我对此总是有点怀疑,别的行当我不懂,至少在我们这片园子里,真正有价值的新知识、新信息并不多。说得难听点,真正爆炸的是垃圾,是批着学术外衣的垃圾。

靠着垃圾,出版社挣了钱;靠着垃圾,不少人心满意足地当上了教授、博导。对出版社,我多少还能有点理解,人家总是要挣钱的。可是,对于众多的"教授"、"博导",我就难以理解了,写出些垃圾其实只能是毁了自己的名声。抛开所有高尚的理由不谈,对于一个研究者来说,还有什么比自己的名声更值钱呢?拒绝平庸,应该从爱惜自己的名声开始。

岁数逐渐大了,总提醒自己要宽容些。可是"江山易改,本性难移",今天,我又不宽容了。

上面说了平庸的文章是什么,那么,什么是不平庸的文章呢?要想说清楚还真有点难度了。二十多年前,我当过几年老师。记得那时候有学生问过我,好文章的标准是什么?我当时的回答很干脆,其实也很含混。我说,好文章,就是你不写,这世界上可能就没有这篇文章。这是在强调好文章得之不易,有极大的偶然性,几乎像艺术品一样不可复制。若干年后,自认为写出了一篇好文章,心里对自己说:"我可以死了。"这是感觉兴奋的那一时刻的一句真心话,意在强调,此文写成也就"死而无憾"了。

这些都是过去的认识了。现在年过半百,知道过去的认识其实都很幼稚。学术文章怎么说也不是艺术品,何谓"不可复制"?其实无法论证。至于说写出了"死而无憾"的文章,那更是不可能。今年看着极满意的文章,可能明年看着就完全不是那么回事了。

但是,好文章终究是有标准的。照我看,好文章通常会符合两个标准。首先是要有特点。回首百年来的学术史,我们看王国维、陈寅恪、钱穆等第一流学者的文章,其中个人风格、特点是明显各不相同的,即使现在把作者名字隐去,我们也还是能区分出哪篇文章是哪个人写的,绝不会搞混了。再往前也是一样,二十四史中的前四史(《史记》、《汉书》、《三国志》、《后汉书》)一向为人称道,其中原因不是三言两语能够说清楚的,但至少可以说,这前四史也是各有特点的,与以后的那些官修史书绝对不可同日而语。说到这里,就让我想起杨振宁先生的一番话。他在《美与物理学》一文开头引了 19 世纪物理学家玻尔兹曼的一段话:"一位音乐家在听到几个音节后,即能辨认出莫扎特、贝多芬或舒伯特的音乐。同样,一位数学家或物理学家也能在读了数页文字后辨认出柯西、高斯、雅可比、亥姆霍兹或基尔霍夫的工作。"杨先生接着说:"对于他的这一段话也许有人会发生疑问:科学是研究事实的,事实就是事实,哪里会有什么风格?关于这一点,我曾经有过如下的讨论:让我们拿物理学来讲吧。物理学的原理有它的结构。这个结构有它的美和妙的地方。而各个物理学工作者，有不同的感受。因为大家有不同的感受，所以每位工作者就会发展他自己独特的研究方向和研究方法。也就是说他会形成自己的风格。"接下来，他又以几位大物理学家为例做了说明。他说狄喇克"话不多，而其内涵有简单、直接、原始的逻辑性。一旦抓住了他独特的，别人想不到的逻辑，他的文章读起来便很通顺，就像'秋水文章不染尘'，没有任何渣滓，直达深处，直达于宇宙的奥秘。"他又以高适《答侯少府》中的诗句形容狄喇克："性灵出万象，风骨超常伦。"说海森伯："海森伯所有的文章都有一共同特点：朦胧、不清楚、有渣滓，与狄喇克的文章风格形成一个鲜明的对比。读了海森伯的文章，你会惊叹他的独创力，然而会觉得问题还没有做完，没有做干净，还要发展下去。"（《杨振宁文录》，海南出版社）初读杨振宁先生的这篇文章，我感到很惊讶，也很高兴。原来在最高境界上，文、理竟然如此相通，没有区别！这更坚定了我的信念：好文章一定是要有特点的，这就如同春天之美与秋天之美各不相同一样。

此外，好文章往往还会提出有价值的新问题。问题可分新、旧。我常和朋友说，人文领域围绕某个问题的争论其实是很难取得共识的。旧问题常常不是被解决了，而是被取消了。真正杰出的学者往往并不总是纠缠在旧问题上。他们讨论的问题常常就是自己发现、自己提出的新问题。而正是这些新问题在推动着学术的进步。

平庸与不平庸，有时就在一念之间。当我们不能抗拒世俗的诱惑时，一不留神就会堕落到浩浩荡荡的平庸队伍中去。

一个无味的 P

往复论坛又开张了，而且据说这次不再搬迁了。由逐水草而居的游牧社会到定居的农耕社会无疑是一个重要的历史时刻。老冷敏感地意识到了这一点，所以写下一篇庄严的文字。读老冷的文字使我想起了那些故去伟人的青铜像：深沉、有力量。

不谦虚地说，我也意识到了这一时刻的重要性，所以也写了一句祝贺的话。没有想到我的网上老领导光盘贩子却不满意，他指示我："放个有味的 P。"说实在的，这个指示是有些不对的。大家想想，在全社会都在积极治理尾气排放的时候，他却要我放一个有味道的 P，而且还是在青铜像下！

为了不污染环境，为了不完全违背老领导的指示，我想放一个无味的 P。

人过中年，难免会有些回忆。近来我常常想起我从小到大的种种理想。

最小的时候我想当一名英勇的战士，打死了许多敌人，自己却没有牺牲。无疑，这理想是那时的小儿书和电影给我的。

再往后我上中学了，学了俄语，迷上了俄国文学，我想当一名翻译家。我常常在稿纸的第一页写上诸如："托尔斯泰著"，紧接着再写上"将无同译"之类的话。可是，我没有耐心，多数情况下只翻译小说的第一页，甚至是第一自然段，所以哥哥称我是"第一自然段翻译家"。其实，我也翻过一篇完整的小说，那是高尔基的短篇《马卡尔·楚德拉》。还记得开头是："从海上吹来一股潮湿而又寒冷的风……"

由于不可抗拒的原因，我最终没有学成俄语，而是进了历史系。虽不情愿，但理想还是又随之而来了。我想当一名历史学家。每当听别人说"六十岁以前没有历史学家，只有学历史的学生"，我就很烦躁。六十岁，太老了！当上又有什么意思？六十岁的人，那不就是马路边晒太阳的一群老头中的一个？眼里没神，麻木地、无目的地看着过往的车辆……

过了四十岁，又变了，当历史学家好像也没有什么兴趣了。这是为什么呢？道理其实并不复杂。我的经验告诉我，人即使是最想要的东西，一旦得到了，也就没什么意思了。这个想法尽管容易使人消极，但也有积极意义。凭着这想法，对别人得到而我没得到的东西日益地不以为然。由此心情平静，而由平静又生出些快乐。

孔子说四十而不惑。我不知道自己是不是真的不惑了，如果是的话，好像也不完全是年龄在起作用。四十不惑，这说法本身就给人以强烈的心理暗示，它逼着你不惑。

人过中年，时间就像所有的倒计时牌似的，分分秒秒地快速消失。于是理想少了，甚至没有了，而死亡的问题却会时常萦绕在心间。记得十一二岁，第一次意识到自己也要死亡，当时真是恐惧得不得了。有段时间，每当晚上关灯睡觉的时候，姐姐就故意吓唬我："将无同，你也会死的！"太残酷了，这真是属于折磨少年儿童的行为！但是现在我不怕了，因为活着固然有快乐，但也有许多麻烦。对于怕麻烦的我来说，或许后者要多于前者。而死亡却可以最终解决这些麻烦。我的一位固执的朋友也不怕死，我甚至怀疑他希望自己快死，因为他常说："一篇论文的价值是怎么体现出来的？你死了，人家还看你的文章，这就是价值。"把文章的价值、人生的追求都寄托在死后，这未免太悲惨了点，我不这么看。价值最好还是在活着的时候体现出来，只把麻烦留给死亡就行了。

上班出门总要坐地铁，总要路过八宝山站。每当快到此站时，车厢里就回荡着播音员的声音："前方到站是八宝山，在八宝山下车的乘客，请您提前做好准备。"开始听到时，总是有些厌烦，心想，到时候人都会去的，你别催呀。究其原因，这厌烦还是出于怕死。如果不怕死了，平心静气地对待这个问题，就会认识到提前做好准备并没有什么不对的。

说到死，按理说就没有什么理想好谈了。不过，我还有一个小小的理想，希望死后有块墓地。蓝蓝天空下，青青草地上，黑色大理石墓碑上只刻着如下一句话："一个曾经有过许多理想的人。"

写于 2002 年往复论坛再次开张时

关于 A 君，随便说说

A 君是我的老同学。已经十几年没有见过他了，不过他的样子我是不会忘掉的。他是南方人，瘦瘦的，个子不高，面色苍白，体重不足百斤。因为太瘦小，不符合标准，所以连献血也免了。我觉得用"微型研究生"这个称谓来定义他是很恰当的。

A 君很勤奋，除了吃饭睡觉，基本都在读书。不上课的时候，他多数时间都是在阅览室度过，偶尔也会带回本书在宿舍里看。我懒散，时常去他宿舍找人聊天。他对这种无目的的聊天很是反感，从他没有表情的面容中就能看出。反感总是相互的，我给去外地考古发掘的同学写信，称他为"文字阅读器"。

我发现，凡是用功的学生都会把生活安排得井井有条。他也是这样。几点钟起床，几点钟吃饭，几点钟去图书馆，几点钟回宿舍，都有严格的规定，好像有一张时刻表在提示着他。他睡上铺，因为瘦小，上床常常不用梯子，而是以一个漂亮的"卷身上"翻到床上。每当这个体操动作完成后，我就知道，对于他来说一天又结束了。总之，他活得极有秩序，看见他，就等于看见了纪律。

人对人的评价常常是不准确的，唯有时间可以纠正。日子久了，我才感到 A 君其实也是一个很有意思的人。他多才多艺，绘画、摄影都很精通。最不可思议的是，他居然会裁衣服！他穿的好几件上衣都是自己做的。为了做衣服，他还买了个小熨斗。有一次为了见对象，我还特意找他借熨斗熨裤子。他不仅热情地借给了我，而且还帮我熨。笔直的裤线似乎预示着生活的前方是一片坦途。当时，我对他真有点感激了。

A 君有时也会抽空娱乐一会儿。一天，他把正在走廊里闲逛的我叫到房间。站在我面前，他表情严肃地轻声说："给你出个谜语好不好？"我说："可以呀。"他迅速说完了谜语，然后就说："好，你先猜，我记几个单词。"话音刚落，他已经在低头看单词本了。稍等片刻，他抬起头问我："猜出来了吗？"我被他的举动吸引了，根本没猜。他立刻说："好，你再猜，我再看看单词。"谜语不如他有趣，我懒得猜了。工夫不负有心人。后来出国考托福，他没有专门准备就考了六百多分。当然，也可以说他每一天都在准备着，就像少先队队歌里唱的那样："准备着，时刻准备着。"

许多年轻人都喜欢背诵一些格言。我从来没有见过 A 君有这方面的爱好。但是有一天他却令我吃惊。他递给我一张小纸片，上面整整齐齐地写着几行字："梦和生活是等效的。梦结束后，只留下回忆，而美好生活过去后，除了回忆还能留下什么呢？因此，梦和生活是等效的。"他在注视着我的反应，眼神里分明有一种期待。我立刻说："相当不错！相当不错！而且还很像是从国外进口的。"他笑了，笑得很有分寸，用那南方普通话说："不难的，不难的，其实写格言一点也不难的。"听他说话，你不知道这是谦虚还是骄傲。

Ａ君通常是彬彬有礼的，但偶尔也会不讲道理。夏天我穿背心，他每见我一次，都要轻轻地摸我的胳膊。我烦了，勒令他停止这种小动作。他很不以为然地说："你这个人真是想不开。我摸摸你，你又没有什么损失，而我却得到了一种享受。"更为无理的是，他认为空气污染比少女被强奸更严重。他是这样论证的："少女被强奸，过一段时间她就忘记了，而空气污染对人身心的摧残却是长久的。"他说这话，像是在讨论学术问题。

他和我同一天毕业，同一天留校。我们的校徽也在同一天由橘红色换成深红色。他不像我有虚荣心，从来没戴过。不久，他去了美国。

一年多以后，他回来了一趟，是来办离婚手续。事情很简单，妻子看上了别人，他只能下课了。我去看望他。那是一个冬天的下午，天色已晚，屋里没有开灯，显得昏暗。他比以前更瘦了，也更苍白了。也许因为心情不好，一副疲惫的样子。握着他冰凉的手，我不知道该说些什么。他先开口了。他说："唉，要不是这段婚姻，这几年我肯定又学会了两门外国语。"

他又走了。从此我再也没有见过他。据说在美国毕业后，为了留在那里，他去一家银行当了职员。我无法想象他在银行工作的样子。

白天想多了，夜里就梦见了他。他没有理我，只是低着头在一条小巷里默默地走着，渐渐消失在早晨的浓雾中。从浓雾的那边，传来一声轻轻的叹息。

清明时节忆双亲

我们的节日安排得不合理。当寒冷远未消退的时候，我们过春节，而当春天真的走来时，我们又过清明节。清明节，这是一个使心灵寒冷的节日。

十三年前，在清明节即将到来的时候，母亲走了，永远地走了。家中照相机里的胶卷还有几张没照，最后这几张记录了那个时刻，而最初的几张却记录的是另外一个场面：她过生日，六十大寿。

在告别大厅，父亲向母亲做了最后的告别。他念了一封信给母亲听，然后又把信装入母亲衣服的口袋。最后又握了握她的手。此刻，大厅里播放的不是通常的哀乐，而是舒伯特的《圣母颂》。那是母亲喜欢的曲子。

十年以后，父亲又走了，躺在同一个大厅。我甚至觉得那安放遗体的床可能也是同样的一张。

和母亲告别的时刻是令人心碎的，因为我没有思想准备，因为我还年轻。而在父亲走到终点时的情形就不一样了。他曾有一段艰难的历程，而我也有充分的准备。于他，于我，这都是一个解脱的时刻。

前来告别的人们鱼贯而入，我麻木地逐一和大家握手，我有些厌倦了，不由得找寻着大厅外的队尾。那一时刻，我突然不合时宜地想到了一个问题。我觉得当领导也不容易，从电视上看，领导不论走到哪里，都要和许多人握手。不停地握手真是让人心烦。上中学的外甥女和我的感受不一样，告别仪式后，她总结道："有的大人还不错，和我握手，可有的大人根本就不理我。"显然，她觉得自己没有受到应有的重视。

父亲和母亲是很不相同的两种人。母亲总是小心翼翼，注意礼节，而父亲却是言行均无所顾忌。60年代末我们家搬出北京后，曾在平房里住了十几年。住平房，上厕所要到外面。记得每当客人要走时，父亲总要站起来。客人一般都要说："您别送了。"他的回答千篇一律："我不是送你，我去上厕所。"客人很尴尬，父亲真的是去厕所了。他的无所顾忌是不分对象的。母亲去世后，一年春节前夕，省委书记召开了一个范围很小的座谈会。会议尚未结束，他以上厕所为名，不辞而别，骑车回家了。书记请他发言时，才意识到人已经走了。听说后，我问他怎么回事，他说："我看手表都五点钟了，我得回家做饭啊。"说这话时，他理直气壮，没有任何不安。那时，母亲已经去世，他不得不自己做饭了。

他的不拘小节常常使母亲很难堪。一到炎热的夏季，他总是光着膀子，即使出门也不例外。他不像人家老工人那样，有着健壮的体魄和古铜色的皮肤。他很白，皮肤细嫩。远远望着他的背影，阳光下像是一面白晃晃的旗帜。

他喜欢开玩笑。一个朋友告诉他条绒衣服不好，容易顺着纹撕破，他立刻问："不顺着纹破有什么好处？"我们几个孩子都爱吃，他总是以一种欣赏的目光注视着我们吃喝。他的评价是："这支部队特别能战斗。"有一年放假回家，开门的是父亲，母亲正在厨房做饭。母亲大声问："谁来了？"父亲的回答很神秘："是一个我们都很熟悉的人。"他和人逗是不分年龄的。外孙女四五岁时，他们之间有过一次很简短的对话。他问外孙女："我们家好还是你们家好？"外孙女回答："我们家好。"他又问："可我们家有教授呀。"外孙女又答："我们家有党员。"他无言以对，败下阵来。

几十年的时间里，父亲都是在母亲的精心照料下生活的。他几乎不干什么家务活儿。吃饭时通常连筷子都不取，即使去取，也只取一双。他对自己的问题也有意识，所以总是很大度地对母亲说："下辈子我当女的，我嫁给你，伺候你。"

他是一个很少后悔的人。我记得母亲去世后，他真的有点后悔了，后悔母亲生前没有得到他的多少照顾。我劝他说："人生如同写文章。我们写文章总是要一改再改，之所以改，就是因为有错误，而人生这篇文章却不能改，只能一遍写成，当然会有许多错误了。"

母亲的去世对他的打击是很大的，他变得深刻了，告诉我："我发现能让人高兴的事，几天就过去了，而让人难过的事却能长久地起作用。"

每到清明，我总在墓地想，也不知道他们是谁嫁给了谁。我猜他们还都是在继续扮演着过去的角色，因为母亲随和、好说话。

我们活着的人都没有去过彼岸世界，这为想象留下了无限的空间。

写于 2001 年

火　锅

　　小时候家里有一个紫铜火锅。它总是放在奶奶房间的酒柜里。因为进入了"三年困难时期",所以从我有记忆起,就没见大人动过它。有一天,望着酒柜玻璃门里面的火锅,我好奇地问奶奶:"这个东西是干什么用的?"奶奶很伤心,跟母亲说:"这孩子真是可怜,居然不知道火锅是干什么用的!今年过年一定要给他装一个火锅吃。"

　　"装火锅",这个说法一般人或许不好理解。我家火锅的吃法有些特殊。因为火锅在端上餐桌前就已经装满了,所以叫"装火锅"。火锅里面最下一层铺的是嫩白菜叶,然后又是一层油炸豆腐泡(这豆腐泡不能用买来的,必须是自家炸的)。豆腐泡上面依次是切成一寸左右的、带皮的油炸长山药、肉丸子、宽粉条,最上面是一层码放整齐的五花肉。这五花肉最有讲究。吃火锅前,要事先把精选的带皮五花肉切成三寸见方的大块下锅煮。煮熟晾凉后,再把肉块皮朝下搁到油锅里炸,为的是要虎皮效果。最后,把炸过的肉块再放到一个装满各种作料汤的大锅中长时间浸泡。

吃之前捞出，改刀切片，然后才码放到火锅里。点火前，还要把煮过肉的一部分白汤倒进火锅。这样做，一是图味道鲜美，二是可以防止烧干了锅。

我家通常是在大年三十晚上吃火锅。吃饭前，我的任务是把火锅端到阳台上或楼道里，用一把大蒲扇拼命地对着火锅进风口扇风。不一会儿，木炭就发出噼噼啪啪的声响，火苗随之有力地从烟筒里窜出。这时，就可以把锅子端进家中了。

火锅是年夜饭的最后一道菜。第一道先是凉菜，然后是炒菜。等到火锅上来时，晚饭就达到了高潮。那时年岁小，最喜欢吃的就是上面的五花肉。那五花肉里的油都煮出去了，所以一点也不腻，有点像吃东坡肉。

在家吃年夜饭最愉快，它不像在饭馆吃饭，总惦记着吃完还得赶路，也不像和外人一起吃饭，总得考虑找话说，酒后说多了，还怕说得不合适。在家过年好，只有家人与火锅。如果外面又飘起了雪花，响起了爆竹，那就更好了。

家里人平常都喜欢谈学问上的事，但吃年夜饭时好像从来不谈这个。父亲具有极强的模仿能力。每逢此时，大家常常动员他模仿点什么。我还记得，他曾用陕西话学杨虎城讲演。传说中，杨虎城曾发表抗日讲演。杨将军说："我今天本来不想讲，狗日的参谋长一定要我讲。我就讲一句，谁不抗日，我日他妈！"这些粗俗的话用陕西土话说出来实在是有趣。他还会用山东方言说《论语》中那段孔子夸颜回的话。孔子对颜回说："你篮子吃饭，瓢喝水，三间破房还没个门，人家都替你淌眼泪啊，你还不当回事，回儿啊，回儿啊，你真他娘是个好人儿！"父亲是学者，但又不像学者。他没有规矩。每次过年，因为他的存在，气氛总是活跃的。

在我的印象中，只有"文化大革命"爆发那年过年没吃火锅。原因是红卫兵把家里的所有存折都抄走了，父亲的工资也停发了。他本人也被造反派抓了起来，一关就是几个月，临近过年的一天夜里，才终于被放回家。那是深夜时分，睡梦里，我突然发现屋里的灯亮了，父亲回来了。他被红卫兵打得整个后背都是血，母亲正在用热毛巾给他擦洗。这个年可怎么过呢？母亲不得已让我和哥哥去父亲的一个朋友家要了 10 元钱，买了好多猪蹄子，好像是每人可以吃四个。那年月，对我们而言，能吃上红烧猪蹄也是好的。

最后一次在家中过年吃火锅是十几年前的事了。我还清楚地记得，当时我在厨房里帮忙，母亲突然说，"你要记住做法。这样，我死了，你也能吃上火锅。"当时我很不高兴，觉得话不吉利。没想到一语成谶，一个多月后，她真的走了。

我估计自己是有能力装一个火锅的，但我从来没装过，主要是怕失望。这方面我是有经验的，很多小时候特别喜欢吃的东西，长大了再吃就觉得没有过去那么好吃；很多小时候非常要好的朋友，长大了再见也觉得没有什么话好说。看来，我们回忆中的很多美好事物，正是因为它们过去了，所以才显得美好。我们不要触动它。

写于 2002 年

喝　酒

近些年，越来越不能喝酒了，稍微喝多一点就可能醉倒，而且车轱辘话来回说，很是烦人。有一天在朋友家喝了酒，第二天，给几个当时在场的朋友都打了电话，问昨天是谁把我送回家的。他们都说，没人送，是你自己回家的。居然丧失了一段记忆！我知道，这是衰老的表现。年轻时就不一样了，喝酒后，谈话常有超水平发挥，而且也有自己未醉而看别人醉倒的时候。那时我有一个总结，喝酒时，一旦讨论到人生等大问题时，基本上就是喝多了。

人喝了酒，状态就不一样了，二十多岁时常有荒唐表现。记得有一次喝多了，骑车回家，每走二十多米就从车上摔下来一次。当时不仅不觉得疼，而且还觉得这很正常，好像骑车就应该这么不断地往地下摔。还有一次深夜在朋友家喝多了，骑车在路上，不断狂喊。因为是夜里一点多钟，偶尔遇到的行人都吓得够呛。快到家时，我又大喊一声，这回把我吓着了，因为前面那人一回头，我才发现是个警察。

当学生时，大家都没钱，我记得有一次，五六个人一起喝，只有一颗煮鸡蛋。看着鸡蛋，同学们都说，这要是颗咸鸡蛋就好了。谁都舍不得吃，每个人只是用筷子尖儿象征性地点一下那鸡蛋黄。就这样居然喝下大半瓶白酒，持续了近一个小时。比较奢侈的时候也有。某日晚饭，我们从食堂买回几个猪蹄子。因为是从冰柜里刚取出来的，冻得硬邦邦的。有人提议用两个电热器放在一个大盆里煮。大约过了二十几分钟，肉软了。大家都很高兴，说是一举两得，既有肉吃，又有汤喝。结果我很不识相地说了一句话，败了大家的兴致。我说："这汤有什么好喝的，不就是一盆洗脚水嘛。"

临近毕业的那年，我和学考古的 W 君同住一个宿舍。因为 W 君是俞伟超先生的研究生，所以俞先生晚上常来我们宿舍聊天。俞先生是很绅士的，只要给他倒一杯茶水，哪怕是用的劣质茶叶，他也会很认真地、很诚恳地向你连声道谢，随后便很大气地拍出两盒烟，通常是阿诗玛牌的。那时我们学生也就能买得起三四毛钱一盒的烟，而阿诗玛要九毛多钱一盒。他一来，我就知道今天晚上又能抽好烟了。聊到高兴时，俞先生常常会用商量的口吻说："我们搞一点酒来喝好不好？"说罢他就下楼买酒买肉。这样一来，聊到深夜就成了家常便饭。日子久了，我觉得还挺有意思，可 W 君受不了了，因为他的论文还没写完。一日，俞先生又来，聊到深夜。他饿了，可商店都关门了，俞先生问我："你这里还有什么吃的吗？我们搞一点来吃吃。""还有三个鸡蛋。"我说。俞先生说："那太好了，都煮了吧，我们一人一个。"吃完鸡蛋，又过了一个小时，俞先生走。他刚出门，W 君就跟我急了："你这人真没脑子，真多事。你给他煮鸡蛋干什么？你就告诉他没吃的，他不就走了？这倒好，又多坐了一个小时。以后记住，别给他弄吃的。"俞先生真可怜。这种学生真是最好不招,还是我比较仁义。

岁数大了,对喝酒的兴趣就逐渐减少了。前几年去南方某地,县委一班人请我们吃饭喝酒。酒虽然很好,但他们居然是用小碗喝,这可把我吓坏了。我不敢喝,趁他们不注意,把酒偷偷倒在了地上,当时以为自己很高明。结果最终还是被人家发现了。饭后出门时,当地一个文物处长已经喝得东倒西歪了。他比比画画地用手指指着我说:"胡教授啊,胡教授,你那个胡就是狐狸的狐!"

关于喝酒,还有很多可以说的故事。一位朋友喝酒时总喜欢引用他外婆的话:"酒是人中乐,可少不可无。"话虽如此,但真喝起来是很难控制的。开始喝酒,是你在控制酒,可喝到后来,就是酒控制你了。喝酒如此,人生之事也大抵如此。

老王的一天

老王一向睡眠很好，属于一沾床就着的那种人。可是最近不行了，总是失眠，睁眼到天亮成了家常便饭。老王是研究历史的，遇事好总结，几天下来，他倒也发现了一个以前未曾留意的现象。他注意到黑夜过后并不马上就是白天。在黑夜与白天之间其实是有一个小小间隔的，那时的天空虽然已经不再是黑色笼罩一切，但也绝不是透亮的，而是灰蒙蒙的、呆滞的、没有生气的。只有当太阳升起后，才有光芒万丈，才有蓝蓝的天空，才有灿烂的云霞。老王觉得这小小的间隔很像是打饱嗝儿时两次之间的停顿，虽然短，却是客观存在的。

老王最近失眠是因为前几天刚办了退休手续。他并不是为此而烦恼得睡不着，而只是因为他有这样的习惯，每逢人生道路上有大拐弯的时候就失眠，刚结婚时也是这样。

几十年了，老王应该说还算顺利。"文革"时还年轻，自然不会成为"反动学术权威"，至于造反嘛，他也不积极，只是出于好奇，跟着别人去抄过一次家，他不厉害，没有跟"反动权威"过不去，只是趁大家不注意，把人家摆在桌上的一盒牡丹烟装口袋里了。"文革"后，老王写了不少文章、专著，也当过若干次主编。最后，老王临退休前还当上了博导，享受了政府特殊津贴，每月多一百块钱。可恨的是，儿子看不起这些，总是轻蔑地说："不就一百块钱嘛，有啥呀。"老王不这么认为，虽然的确钱不算多，可这是待遇啊！老王以前印过名片，当时是副研究员，后来提升成正研了，他为了省钱，没印新的，只是用小刀片轻轻地、小心翼翼地把那"副"字刮了。可这次不成了，"政府特殊津贴"这几个字不能没有，再说了，前几个月老王还当上了全国"隆中对"研究会的副会长。这些，名片上都应该有。所以他虽然知道以后用名片的机会越来越少了，但还是下决心重新印了二百张。老王看着新名片，面有喜色，用鼻子闻闻，还有香味呢。

老王不是那种迂腐的学者，对历史上的那些小问题，绝对是不屑一顾的。他始终认为研究历史就应该研究大问题，就应该为现实服务。刚打倒"四人帮"时，老王写了一篇著名的文章，题目是《论历史上的拨乱反正》，引起了不小的反响。后来改革开放了，老王又写了篇《唐代的对外开放》。80年代，人才问题日益受到关注，老王陆续又有新作问世，如《秦汉时代的少年吏》、《隋唐人物成才年龄考》。后者尤其重要，文章最后得出了一个不容忽视的结论："纵观隋唐几百年的历史，我们发现一个人最有精力、成绩最大的时候是在三四十岁左右。"虽然从来没有人说过，但他总觉得后来提拔年轻干部等项人事制度的改革与这篇文章有着直接的关系。最近，党号召要"与时俱进"。老王又准备配合一下，做些基础性的工作。他想编一本《历代帝王与时俱进资料汇编》之类的书。

老王是一个对名利看得很淡，始终坚持求真精神的学者。前不久，一家电视台的记者给老王打电话，想就华佗与艾滋病的问题采访他。老王虽然也有心在电视上露一面，但最终还是回绝了。他在电话里对记者说："几十年来我始终坚持一个准则，那就是有一分材料说一分话。关于艾滋病的史料真是找不到啊。我没办法啊。"事后，他一再用这个例子暗示单位的年轻人，一个成功的、严谨的学者一定要能抵御名利的诱惑。别人怎么想不知道，至少老王每次说起这事时都是很严肃、很激动的。

老王多年来养成的习惯是早晨六点半起床。老伴儿身体不好，所以去早市买菜就成了他的一项硬任务。这几天虽然没睡好，但老王还是一如既往地去了，只是比平时去得晚些。他好动脑子，发现去得太早并不见得就好，最好是等早市快关的时候再去，那时，小贩们为了尽快卖完剩余的菜，往往是挥泪大甩卖。"处理的菜维生素并不少啊"，每当老伴儿抱怨他买回来的菜发蔫儿时，老王总是这样宽慰她。今天，老王很得意，只花了一块钱就买了三根大白萝卜，还外带几根垂头丧气的香菜。回家的路上老王盘算着，家里还有块羊肉，正好和萝卜煮一锅，熟了，再加点香菜、白胡椒面什么的，香喷喷啊。

要说老王这些年也有郁闷的事，那就得算是他那个宝贝儿子了。儿子小时候还听话，可十几岁以后就开始越来越烦人了。儿子每天写日记。按说写就写吧，可他写完了还要锁抽屉里。老王总觉得这里面有鬼，几次提出想看看，儿子都拒绝了，拒绝就拒绝吧，还煞有介事地说这是他的人权。一天，儿子很不寻常地把日记本搁桌上就出去了。这可把老王高兴坏了，赶紧过去翻看。谁知道第一页上儿子就歪歪扭扭地写着几个大字："谁偷看我日记谁就是王八蛋。"老王气疯了，想不看都来不及了。老伴儿乐了，嘲讽地说："我就知道这孩子没安好心，你还真傻，真就上当。"

说实话，老王从来都不大看得起老伴儿，总认为她没文化，可这回，老王真服了。

老王前五六年就开始用电脑写作了，可到现如今那台 386 的电脑实在不中用了。单位有个年轻人，人称"光盘贩子"，电脑方面真是高手。老王请他帮着升了级。这回可好了，光是硬盘就有 20G，还不说别的。这本来是好事，可儿子放学回来又来怪话了："就您老写那俩仨字，还要这么大的硬盘？这不等于盖了个故宫，里面就养几只蚊子？"不仅对老王如此，就连对老伴儿，儿子说话也不好听。老伴儿前几年就下岗了，跟着几个老姐妹炒股票，虽然没赚多少，可也没赔，应该算是不错了。可儿子一听他妈说到股票的事就烦，张嘴就是："您能把菜炒好就不错了，炒股票就算了吧。"

最让老王不安的是儿子最近学会上网了，没白天没黑夜地趴网上。据说儿子在网上还挺有名，可到底叫个啥，老王也不知道。直到有一天接了个女孩儿的电话，才总算弄明白。电话里，一个小女孩温柔地问道："喂，天骄在家吗？"那"喂"发音拖得很长，还略有小弯儿。

儿子喜欢写诗，可老王看不懂，也不喜欢。比如说：

我们简单地活过一次

其中有一些偶然的因素

和一些不偶然的因素有关

这叫什么诗？简直就是胡闹嘛。想当年，老王也写诗，每到七一、十一之类的节日，单位的黑板报上总有老王的诗，比如"党的生日已来到，全国人民齐欢笑"什么的。这些就不说了，最让老王忘不了的是如下两句："党是机器我是轴，政策就是润滑油。"这真是神来之笔，连老王自己都不知道当时是怎么想出来的。他常常跟儿子说起这件事。意思是说，诗不在多，关键是要精。可儿子根本不听他这套，疯了似的在"天涯"发诗，引得小女孩子们齐声说："哇噻，真酷！"

自从电脑升级以后，老王也学着上网了。毕竟岁数大了，他对那些男欢女爱之类的帖子没兴趣，只是看看新闻。最近可有的看了。美国世贸大楼被炸的消息引来了大批的政治性帖子。这些老王固然是关注的，但在他眼里，这些年轻人写的帖子却基本上没有什么水平可言，无非是对立的两种意见互相指责。老王是学历史的，他站在历史的高度，历史性地发了生平头一帖。他在帖子里冷静地分析说："不要把这看做惩罚、不幸或伤害。事实上这是新条件下基督对人类罪恶的承担。我们应当把纽约发生的事情，同亚伯拉罕·林肯和马丁·路德·金的死、同珍珠港的轰炸相提并论。这些痛苦是人类进步的基础和动力。美国在当今世界所担当的角色，使它责无旁贷地承担这一痛苦，并且由此生发更大的力量……"本以为会有积极的响应，会有更深入的讨论，可谁想到，换来的却是不少反对的声音。好扫兴，老王决定以后不发帖子了。

前几天老王在儿子的指导下装了 QQ，也学着聊天了。不过他从不用"二人世界"，因为他觉得那一人一半的界面很轻浮，像是张双人床。毕竟是初上网，老王有些符号看不懂。那天，他看儿子给一个人发消息，打了一长串"BOBOBOBOBO"。老王问是啥意思，儿子不耐烦，头也不回皱着眉头说："这也不懂？这不就是再见嘛。"老王没再说什么。

今天中午，老王两口吃的是剩饭，睡了午觉起来才煮那萝卜羊肉，为的是等天骄回来再吃。下午，小火炖着的时候，老王又上网了。午后的家里阳光充足，安安静静，只有键盘的敲击声有规律地响着，不一会儿，厨房里散发出来的羊肉萝卜汤的气味渐渐地弥漫了整个房间。此刻，他感到有一种温馨荡漾在心中。突然，伴着一声咳嗽，有个女孩的头像在 QQ 上出现了，而且还急速地晃动着。老王知道，这是姑娘有话了。再看，儿子的一个朋友紫藤花也在 QQ 上出现了。老王不好意思和紫藤花聊天，毕竟那是儿子的朋友。为此，老王隐身了，只和第一个女孩聊天。谈话没有什么实质性的内容，过了一会儿，老王想着肉汤的事，准备下了，他也像儿子那样，打了一串 BOBOBOBOBO。不料，那女孩竟然破口大骂："你这个老色鬼，老流氓，你都 60 了，还这样？？？"老王顿时糊涂了。怎么回事？老王再发消息也没用。那女孩下了。没法子，老王只好给紫藤花发消息。花花回得快："哈哈，大爷，那 BOBOBOBO 就是亲脸蛋啊。""为什么用这个表示？"老王问。"就是亲得出声啊，啵儿啵儿的。哈哈哈。"花花笑着说完就走了。

老王再也不想上网聊天了，他坐在沙发上抽闷烟，等着天骄回来和他算账。可到晚上天骄真的回来后，他已经不想发火了。老王知道，那个网络不是属于他的世界。晚饭后，他再次打开电脑。这次是为了写论文。多少年了，支持老王精神的就是这神圣的科学研究。老王要先写标题，选了黑体三号字，又选"居中"。那标题是："论唐代的退休生活"。

去大同开会

　　已经十几年没有参加过全国性的学术会议了，这次去大同开会，其实并不是对会议感兴趣，而是因为我的几个朋友都要去。他们是：老冷、贩子、大慈善家、杠头、猴子。虽然我们同在北京，但大家在一起见面并不容易，开会则提供了一个好的场所。

　　这几个人当中，最有趣的是老冷。老冷平时，尤其是在网上，给人留下的印象是比较严肃，甚至是比较矜持，但这次会议上，他却表现出了轻浮的一面。唉，没有办法，毕竟是年轻啊。开幕式上，大同市委书记首先讲话。他说："大同的第一个特色嘛，就是煤都。"他说的本来不错，因为大同的确是出煤的地方。但他有口音，那"煤都"二字念得像是"梅毒"。我心中暗暗发笑，但因为周围有女士在场，不便有所表示。可我身边胖胖的老冷不管这些，居然笑得浑身颤抖。他的笑干扰了我，以至于没有能听清大同的第二个特色是什么。开幕式后，你只要问老冷大同的特色是什么，老冷便立刻得意地告诉你："大同的特色嘛，就是梅毒。"

　　参观明堂遗址时，遇到了一个女孩子，她在日本读博士。

1997 年在日本时我就认识了她。借参观的机会，她告诉我正在写博士论文，我象征性地提了点意见。当时有贩子在场。很快，贩子消失了。很快，老冷出现了。后来我才明白是贩子把这"情况"悄悄通知了老冷。老冷嬉皮笑脸地晃了过来，阴阳怪气地说："哈哈，当青年导师呢?"我知道他不怀好意，但出于礼貌，还是把他介绍给了那女孩。没想到，女孩知道老冷的大名，立刻做惊慌状，说了些久闻大名之类的客套话。老冷笑了，笑得很慈祥，很深沉，一副欣慰的样子。老冷眼睛本来就小，这时，更是眯成了一条缝。俗话说，小眼聚光，我相信，此刻老冷在瞬间肯定已经把那女孩的音容笑貌深深地刻在了脑海中。事后我总在想，如果和我交谈的是一个老头，老冷会过来吗?

我和贩子都抽烟，在我的要求下，贩子和我同住一屋。贩子事后问我是谁安排的。他为什么问这个呢? 因为他很清楚，了解他的人谁都不愿意和他住一起。他的特点是夜里不睡觉。据我多年的观察，人多的时候，贩子不爱说话，但一旦只剩下你和他两个人时，贩子就变了，变得爱说话了，而且他还会很大方地告诉你一些他掌握的秘密。你千万不要以为贩子把你视为了特别的知己，因为他和别人单独在一起时也是这样。贩子诉说心声，我不能不听，而且这诉说常常是在深夜两点钟老冷等人离开后。早晨7 点就要吃饭，所以大家可以想想，和贩子在一起，每天能睡几个小时呢? 会议 13 号结束，而我 11 号就提前走了，这和贩子有直接的关系。贩子不反省自己，反而回来后到处说由于我开着空调睡觉，他感冒了。贩子确实感冒了，但我认为责任不完全在我，我的经验是，人累了容易生病，要是洗个热水澡就好多了，而贩子是个脏贩子，不爱洗澡，到大同当天就不洗，还解释说："我没出汗。"据我观察，几天的时间里，贩子只洗过一次澡。今年是他的本命年，为了避邪，他穿了条红裤衩。不过，那庄重的、燃烧着的颜色最终也还是没能让他躲过感冒这一劫。迷信要不得呀！

贩子也有让人感动的地方。参观石窟那天我低血糖了。在车上吃了猴子给的几块糖，略有好转，到明堂遗址时，我正和别人说话，贩子快步向我走来，递给我两块刚买的巨大的巧克力，他还记着我的打火机没气了，连带着还给了我一个新的打火机。那一时刻，我真感动了。平常我总说贩子是个没有责任心的人，可关键时刻，人家很不错嘛。喜欢贩子的 MM 特别多，这是为什么？那一时刻我似乎明白了。

熟悉大慈善家的人都知道，他还有一个名字，叫"牲口"。我没有调查过"牲口"的来历，但他吃喝上的能力，确实容易让人产生这方面的联想。去大同时，刚上火车他就和杠头等人拿出了数瓶白酒及猪头肉等下酒菜。大约半个小时，就把一瓶二锅头喝光了。虽然他们一再劝，我最终还是一口没喝。当时正值中午，车厢里人很多，空调不太管用，感觉十分闷热。在这种情况下，我只想喝水，很难有喝白酒的欲望。而你看牲口呢，正笑眯眯地喝着，一副怡然自得的样子。

车厢里的列车员是一位二十多岁的小姑娘，长得不难看，很勤快，不停地打扫，态度也十分和气，在当今社会里真是罕见。大家都被感动了，由于杠头书法好，所以一致推举杠头在意见本上写几句表扬的话。杠头可恨，最终不署自己的名，却把大慈善家的姓名，连同家里的电话都写上了。其中用意不得而知。他还在人家姓名的前面写上"博士导师，一级教授"诸字。这时，大慈善家不好意思了，严肃地连声纠正说："不是一级！不是一级！是二级！"

大慈善家确实能吃能喝。会议上伙食很好，肉食之多，让人看了眼晕。在这样的情况下，他居然还能在晚饭后再吃喝两次之多。就是说他一天能吃五顿饭！不知什么原因，这家宾馆一天能停 20 个小时的水。我们喝不上水，牲口也喝不上水，所以我当时扼要地说："现在的形势是，人畜饮水都成了问题。"没有水，厕所也不能用，大家都很为难，牲口真是牲口，趁着夜色，在宾馆附近的一家工地解决了问题。

大慈善家在学术界名气很大，先前提到的在日本留学的女孩在明堂遗址向我打听他，想见见。不巧，他不在附近。事后吃饭时，我说起此事。大慈善家很有兴致地问我："那你怎么说的？"我答道："我说你拉屎去了。"大慈善家气哼哼地说："他妈的这小子真不是东西！"其实我怎么可能和人家女孩子这么说呢。哈哈，看他生气的样子，我真是高兴。

几个月前，杠头说他缺个短期旅行用的包。我家此类包很多，我挑了一个"中青旅"的新包送给他。杠头见了，很是欢喜，连声道谢。这次去大同，杠头用的就是这个包。一上火车，我就看见杠头胳膊下夹着包，很艰难地挤进了车厢。他看见了我，隔着眼镜片，瞪着滚圆的大眼珠子对我说："看来，真是没有免费的午餐啊。"原来，我给他的那包已经断了把，拉链也合不上了。哈哈，对天发誓，那包真是新的！对天发誓，我一定再给他一个质量没有问题的包！

在火车上，杠头对女列车员表现出一定程度的热情，但是我相信杠头的人品，他不会有什么过分的举动的。据他自己说，他曾有过坐怀不乱的经历。一次坐长途车，有个女孩子长时间靠在他身上，他都不为所动。虽然如此，说起来嘛，他还是面有喜色。杠头就是这样的人，没有什么隐私，即使比较尴尬的经历，也都可以说出来。有一回，杠头和老婆吵架了，一怒之下，下楼找了家酒吧喝啤酒，好像根本没点菜，可结账时居然要了他 30 多元。杠头后悔至极，一再对我说："以后不管怎么生气，也不能去那地方了。"

小猴子最近越学越贫。在乘车参观的路上，他和杠头坐在我后面。一会儿，就听见杠头不满的声音："你干什么？你干什么呀？"回头一看，猴子正笑嘻嘻地斜靠在杠头身上，用手抓着杠头的手，他解释说，这是为了让杠头更便于回忆起那坐怀不乱的经历。看猴子那幸福的样子，倒好像他自己回忆起了什么……

学术会议上有很多人发言，最后还改选了理事会。大家都说了些什么？何人当选为学会领导人？这些，我都不太清楚，但我觉得学术会议真是很有必要经常举行。

战争与肺炎

伊拉克战争与非典型肺炎是这些天的两件大事。前者已渐近尾声，后者则方兴未艾。关于战争，开始时有些悬念，比如，这场战争会持续多久？伊拉克会不会使用生化武器？美军、科威特人因为怕生化武器，都带着防毒面具。最终，人们放心了，知道不会有这个武器，所以都摘下了防毒面具。有趣的是，我们这边呢，戴口罩的却越来越多。由此，我就自然地把战争和肺炎联系了起来。

战争和肺炎还有一个相通之处，即是有关于它们的新闻报道。这次电视台搞了个战争的现场直播，还请来了军事专家。开始我很关心战争进程，到后来，最吸引我的其实不是战争，而是专家和主持人之间的讨论。主持人一脸深沉地问道："沙尘暴对联军有利还是对伊军有利？""如果打巷战，联军是不是不占优势？"专家也很配合的，他一般都是顺着主持人的话说。前些天，一说到巷战，主持人两只小眼睛就放光，精神特好。专家也跟着说巷战的确是不可避免了，后来美军大摇大摆地进了巴格达，专家又说会有地道战，可地道战也没发生。我本来很替专家捏着把汗，这后面可怎么解释？其实我真是多虑了，专家毕竟是专家。他说，虽然美军见不到伊军的踪影，但实际上这对美军更危险，因为古语说得好：大敌无形。哈哈哈，真把我笑倒了。到这时我才意识到这个节目其实是很有些娱乐效果的，而不单单是个残酷战争的现场直播。

战争中还有一个大家都知道的人物非常有趣，这就是伊拉克的新闻部长萨哈夫。这个萨哈夫真是临危不乱。美军占了机场，他说没事，还要带记者去机场看看。美军进了城，他说这是放进来的，美军只能投降了。他还颇有风度地向记者道歉，说整天炮火连天的，影响了记者们休息。

这几天关于非典型肺炎，我们国家也召开了多次新闻发布会。据说北京患非典的人较多，但卫生部长说只有 19 例。外国记者不依不饶地追问，看着官员们回答时真是难受。我就想了，反正萨哈夫也没事干了，还不如把他聘过来主持发布会。萨哈夫会怎么说呢？我猜，他会坦然地说：北京的确是有了非典肺炎，但那是为了医学专家研究的方便，没啥子大不了的。

附：闲话非典

前几天写这个帖子，叫"战争与肺炎"。现在若写，似乎应该叫"肺炎与战争"，或者索性就叫"肺炎的战争"。的确，现在非典型肺炎越来越像是一场战争了。伊拉克战争从南部的乌姆盖斯尔、巴士拉推进到巴格达没用了多少时间，而非典从广东、香港推进到北京也是没有耽搁地一路北上。

非典引起了巨大的恐慌。这恐慌来自于两个方面。第一，每一个人都有感染的可能，都有死的可能。固然，人早晚都要死，但至少年轻人、健康的人本来不必马上把这个问题提到议事日程上来。但非典来了就不一样了。今日得知，某研究所一位 30 岁的年轻人已经感染，生命垂危。所以说，恐慌是可以理解的。第二，让人忧虑的是，非典何日结束没有答案。就是说，我们很难在心中建立起希望。有危险而没有希望的日子是容易让人恐慌的。

恐慌的时期总是谣言四起。这几天谣传北京将要封城，于是出现了抢购的风潮。前天我去超市购物，没想到每个交款的队伍都有四五十人。有人买了三袋大米，有人买了整箱的挂面，还有的人买了好多洗衣粉。据说食盐当时已经脱销。不能不说，面对恐慌，人们的智力水平严重下降了，从众心理占了支配地位。想想看，怎么可能会封城呢？就算封城了，物资也不会缺乏的。现在毕竟不是30年前了。我不愿意在超市排队，什么也没买，又去了菜市场。菜市场管理人员正在广播通知。通知说："现在出现了一个值得注意的动向。极左思潮又在泛滥，有人在制造恐慌气氛。"哈哈。这广播差点把我乐晕了。这个恐慌气氛居然能和极左思潮联系起来？真是不可思议。

恐慌还有一个标志，那就是戴口罩的人越来越多。起初，多数戴口罩的都是像紫藤花那样二十多岁的女孩。这两天则不分男女老幼，很多人都戴口罩。据我观察，这些天好看的人好像多了起来。为什么呢？我觉得可能是因为人的不好看主要是鼻子、嘴没长好，所以当口罩把这些部位都遮盖起来以后，人就变得好看了。我总荒唐地想，说不定过几天，中央电视台的罗京等人也可能会戴着口罩播新闻。那该多精彩。

伊拉克战争很快就结束了，但非典将是漫长的。非典像谣言，一传十，十传百。星星之火，已经燎原。不过恐慌大概不会持续很久。时间久了，人就疲惫了、麻木了，于是就不那么恐慌了。

这场灾难来得意外。这也正是灾难的特点。意外降临的大多是灾难，而不是幸福。

日本印象

看龙应台、王安忆分别谈对上海、台北的印象很有趣，忍不住也想说说对日本的印象。上世纪，我去过两次日本，1993 年去了京都，1997 年去了德岛。第一次的印象相当强烈，因为毕竟是头一回出国。飞机从北京起飞，在上海短暂停留后就直飞大阪了。感觉上没有飞多长时间，机舱里就传来了广播："再过 20 分钟，飞机将在大阪降落。"这世界真是小！这算是头一个感觉。下了飞机，乘车去京都。这一路感觉就比较麻木了，沿途无非就是大楼、马路，觉得日本也不过如此。再住几天，这印象就更是牢不可破了。说实在的，从城市硬件上看，京都远不如北京现代化，没有多少高楼（后来才知道，为了保护京都古都风貌，人家对建高楼是有限制的），马路也很窄。街上人们的穿着，尤其是女孩儿们的穿着很朴素，远不如北京姑娘时髦。看看这，看看那，民族自豪感油然而生。

可是，正如一切事情都可能有变化一样，日子久了，对京都的印象就逐渐发生了变化。第一个印象是，日本是一个差别很小的社会。去大型商场，你会觉得这不跟我们的燕莎、赛特也差不多嘛。可再去一个小商店呢，比如说只有一间房大小的小商店，就会发现跟我们的不一样了。人家店虽然小，但干净整齐的程度、服务的热情周到、商品的品质等方面，都和大型商场没有任何差别。此外，差别小还表现在地域上，在京都能感受到的种种生活便利，到周围农村地区也同样能够感受到。据一些在日本生活比较久的人说，日本各地都差不多，即使你到北海道也还是一样。我没听说过京都的大学毕业生一定要留在京都，各地差别小大概是一个重要原因。而我们呢，离开北京二百里就可能面目全非了，所以大学生，尤其是来自北京的大学生说什么也不愿意离开北京。最后，差别小还表现在一般人的收入上。比如像我这岁数的大学教授如果收入是五六十万日元的话，那么一个普通的文学部的办事员至少也能挣到三十万日元。这差别无非是你开奥迪，我开普桑，并不是你有车，我走着。收入差别不大，所以社会也就比较安定。

　　日本的交通也很值得一说。因为富裕，有车、甚至有几辆轿车的家庭当然是非常多的。但日本的交通却比我们顺畅得多。这里面的关键原因就是他们的公共交通太发达了。地铁四通八达，隔不多远就有一站。习惯了北京地铁站台两面的车背道而驰，刚到日本时很不理解，这两面的车怎么都朝一个方向开？后来才知道，一边是快车，一边是慢车。上了慢车也不要紧，车上会随时广播，告诉你在前方哪一站能赶上一趟快车，到时候再换就是了。如此方便，所以一般人出门上班根本无须开私家车。

　　说到交通就不能不说到人，因为人与车、路的结合才构成

"交通"。京都上下班高峰的时候，车也很挤，但我从来没有听到因为谁挤了谁就吵架的，动手打架那更是没有见过。1993年最热的时候去了东京。第二天早晨乘车出门，大概9点钟吧。我看到一个很奇怪的现象：车厢里的座位都是折叠式的，车上人很少，可是却都站着，没有一个人将其放下来坐。我就此问同行的日本朋友葭森健介先生。他解释说，用折叠式的座位是为了省地方，以便高峰时能上更多的人。我说，现在人不多嘛。他看看表说，还有两分钟就过了高峰期了，那时大家就会坐下。果然，时间一到，大家都齐刷刷地坐了下来。这种自觉性真是令我惊讶。还有一次，因为失眠，夜里一点钟出去散步。一条只有几米宽的小马路上，红灯亮着，一辆小车司机乖乖地停在那里等候，四周一片沉寂，没有车，也没有行人。我想，这要是在北京，司机是一定会冲过去的。

这种事情遇到的多了，就对什么叫"文明社会"有了一些领悟。我们总是强调法制建设，这当然没错。不过看了日本，我倒感觉可能一个社会的文明程度越高，就越不依赖于法律条文，而是更依赖于人自身的道德水准。因为法律并不可能无处不在，尽管我们可以把"随地吐痰，罚款五元"的标语贴得无处不在。

1997年再去日本，就没有特别强烈的感受了，不过再次重温了在京都得到的印象。如果说日本也有像中国的地方，那就是：哪里有卖便宜的处理货，哪里就有扎堆的老太太。

对于我来说，生活在日本并不舒服，这毕竟不是自己的祖国，一个人游离于社会之外是很寂寞的。我的日语也不好，刚到日本时，哥哥、嫂子跟我说，学日语要多听广播、多看电视。他们管这叫"磨耳朵"。有一天晚上，我趴在桌子上听广播，听着听着都快睡着了，嫂子过来说："别听了，这是韩国话。"哈，好失败！居然没听出来是什么语。1993 年去的时候是坐的飞机，回国的时候，一来是为了省钱，二来也是想坐坐海船，所以买了张船票。拿着船票，我对嫂子说："唉，来的时候还是空军，回去的时候却成了海军。"当然，我是用中文说的。

马经理

搬到新家已经一年多了，但闭上眼睛，脑海中浮现的却常常还是旧家周围的情景。

旧家在大马路边，离地铁站、各种公交车站只有几十米的距离，出行固然方便，不过环境的吵闹却也是可想而知的。我住7层，1层有两家饭馆。其中一家的老板与我很熟，人称"马经理"。马经理五十多岁了，是个矮胖子，人很和气，一天到晚挺着个大肚子，总是笑眯眯的，见人就点头。他是天津人，只身一人在北京忙事业，妻、女都没跟来。

马经理的饭馆有个很响亮的名字，叫"盛世邦"。其实呢，饭馆的面积很小，不过摆着七八张桌子外带两个单间而已。饭馆虽小，但和气生财，一到晚上，总是灯火通明，座无虚席，一个个小火锅热气腾腾，啤酒瓶横七竖八，一派兴旺景象。

马经理手下人不多，但管理得井井有条，收钱的、上菜的，统一着装，个个精神饱满，紧张有序。马经理本人则不管四季如何变化，总是穿着白衬衣，打着领带，上面还别着个金灿灿的领带夹。天凉时，加件外套而已。大概因为没人给洗，那白衬衣几乎成灰色的了，水萝卜红的领带懒洋洋地趴在马经理凸起的大肚子上，显得很是服帖。照我看，这身打扮虽然不敢恭维，却也不能小视，往深层次看，它实际上反映了马经理在管理上正朝着正规化的方向努力。

隔壁的饭馆叫"沙老太酒家"，比"盛世邦"大多了，女老板很不一般，过去是样板戏《沙家浜》中演"沙奶奶"的演员。因为有此辉煌经历，所以一进这家饭馆，顾客就能看见迎面墙上挂着的周总理当年接见沙奶奶的大幅照片。照片里，沙奶奶笑成一团，周总理微笑着握着她的手……

这个女老板虽然有来头，饭馆却很没有人气，总是冷冷清清。马经理平常不好议论人，不过一次终于忍不住了，很不屑地对我说："饭店好坏关键是靠管理，管理跟不上，墙上挂嘛儿也没用。"

马经理喜欢嗑瓜子，天气好的时候，常常是站在饭馆门外，嗑着瓜子晒太阳。周围卖鞋垫儿的、卖烟的、卖报纸的小贩们这时候就会聚过来跟马经理聊天。多数时候是马经理主讲。记得刚房改的时候，马经理就在这场合发表了一次反政府的演说。他的意见是，政府不该让老百姓买房，因为买房的钱早就让政府收走了。老百姓虽然收入有所提高，但用在吃饭上的钱还是太多了。为此，他还提到了著名的"恩格尔系数"。小贩们毕恭毕敬地听着……

马经理凡事都能讲出些道理来。有一道菜是他非常推崇的，我听他介绍了不止一回。这道菜好像叫"炸脆鳝"。名字中虽然有"鳝"字，不过并不是真用鳝鱼做，而是把香菇转圈切成长丝，裹了面下锅炸，然后再撒上椒盐之类的作料。马经理总是笑眯眯地对客人说："这个菜好啊，有美容作用。""美容"二字，按天津话的发音，音调总是挑得高高的。

在马经理的饭馆一共吃过多少次饭？我已经记不得了。不过最后一次听马经理聊天印象还十分清楚。那天中午，我请朋友吃饭，饭馆人不多，马经理靠着吧台正跟几个人闲聊，照例手里还是拿着把瓜子。马经理说："生与死其实都是一回事儿。为嘛儿呢？"他扫了大家一眼，接着说："你们看，我们说某人生前如何如何，其实就是说他死前如何如何。对不对？既然生前就等于死前，所以生也就等于死。哈哈哈哈！"马经理一边得意地笑着，一边熟练地往嘴里又扔了颗瓜子……

有时候人真不能不迷信，几天以后，没想到事情发生了，马经理居然被人杀了，他上面的一番话一下子就变成了"生前的话"。我还记得那是一个星期天，上午出去买菜时，天气很好，没有任何不祥之兆。等我回来时，楼下站满了警察，还来了急救中心的救护车，有人说，马经理被人用刀扎了。回到家，放下菜赶紧推开窗子往楼下看。几分钟后，几个穿白大褂的医生上车走了。我当时就心里一沉：坏了！马经理死了！我知道，急救中心的车是不拉死人的。

几天后，片儿警告诉了我一些马经理死亡的细节。马经理最后是被人绑在了单人床上，凶手杀马经理时很从容，一共捅了他29刀。这一点上，我跟片儿警的看法不同，我认为凶手如果很从容，为什么只捅了29刀？再来一刀，凑个整数不好吗？

一段时间里，附近的居民们都在议论这件事。多数人怀疑是情杀。想想看，马经理长期一个人生活，又有钱，能闲着吗？

这是一个错误的分析。几个月后，案子破了，证明与"情"无关。事情很简单，凶手就是几个常去饭馆的民工。他们听说马经理一个人住着，家在外地，就起了歹意，夜深人静时闯进了他的卧室，要马经理交钱。马经理誓死不交，结果就被杀了。凶手随后撬开保险柜，拿走了里面仅有的八千元钱。唉，就这点钱居然就要了马经理的命！当然，为马经理好，我始终坚持着这样一种观点：他是为了捍卫做人的尊严而死去的。

马经理是秋天走的。他走后，饭馆就停业了，天气也越来越凉，连风都是一天比一天硬。饭馆临街的大玻璃窗户上贴满了旧报纸。一到起风的时候，这些旧报纸便哗啦啦、哗啦啦地响个不停。

图书在版编目（CIP）数据

虚实之间 / 胡宝国著．--北京：社会科学文献出

版社，2011.1（2020.6 重印）

（书与人丛书）

ISBN 978 - 7 - 5097 - 1967 - 1

Ⅰ．①虚…　Ⅱ．①胡…　Ⅲ．①中国 - 古代史 - 文集

Ⅳ．①K220.7 - 53

中国版本图书馆 CIP 数据核字（2010）第 232823 号

· 书与人丛书 ·

虚实之间

著　　者 / 胡宝国

出 版 人 / 谢寿光

责任编辑 / 赵　薇

出　　版 / 社会科学文献出版社 · 历史学分社（010）59367256
　　　　　地址：北京市北三环中路甲 29 号院华龙大厦　邮编：100029
　　　　　网址：www.ssap.com.cn
发　　行 / 市场营销中心（010）59367081　59367083
印　　装 / 三河市龙林印务有限公司

规　　格 / 开 本：889mm × 1194mm　1/32
　　　　　印 张：5.25　字 数：125 千字
版　　次 / 2011 年 1 月第 1 版　2020 年 6 月第 2 次印刷
书　　号 / ISBN 978 - 7 - 5097 - 1967 - 1
定　　价 / 49.00 元